Edición Legado

¿POR QUÉ ORAR?

Lecciones aprendidas en la escuela de oración

Por B. J. Willhite

Su camino
Publicaciones de oración
PO Box 762
Jamul, CA 91935

¿POR QUÉ ORAR? Lecciones aprendidas en la Edición Legado de la Escuela de Oración

978-1-879545-25-0

Copyright© 2022 por B. J. Willhite

Reservados todos los derechos

Impreso en los Estados Unidos de América

Publicado por Hisway Oración Publicaciones

PO Box 762

Jamul, CA 91935

Ninguna parte de este libro puede reproducirse de ninguna forma, incluidas las fotocopias electrónicas, mecánicas, sin el permiso por escrito del editor Hisway Prayer Publications.

A menos que se indique lo contrario, todas las citas de las Escrituras se toman de la Nueva Versión Internacional de la Biblia, Copyright 1978 de la Sociedad Bíblica Internacional de Nueva York. Usado con permiso.

Todas las citas de la Biblia Amplificada, edición ampliada, están marcadas como AMP. The Zondervan Corporation and Lockman Foundation 1987, Usado con permiso. Todas las citas de Living Bible Paraphrased Reference Edition están marcadas TLB. Editorial Casa Tyndale 1980.

Usado con permiso.

Nota De Los Editores:

Todos necesitamos héroes de la fe. Somos muy afortunados de haber conocido al pastor Bob Willhite al principio de nuestro ministerio hace muchos años. El pastor Willhite se convirtió en nuestro mentor en oración y héroe de la fe. Las enseñanzas de este gran hombre sobre el tema de la oración impactaron radicalmente nuestras vidas y las de miles de personas más en los EE. UU. e internacionalmente. Por qué orar fue escrito durante un tiempo notable en la historia cuando Dios estaba llamando a su pueblo a la oración. El Llamado Nacional a la Oración comenzó en Rockwall, Texas hace más de 30 años y sigue funcionando hasta el día de hoy animando a la gente a orar.

Nuestra Reimpresión de este maravilloso libro es para dejar un legado de Oración de las enseñanzas de este gran hombre. Probablemente usted nunca haya escuchado estos principios de oración en ningún otro lugar. Lo alentarán, fortalecerán su fe y responderán muchas de las preguntas que ha tenido sobre la oración durante mucho tiempo. Puede escuchar las enseñanzas del pastor Bob en la Escuela de Oración Hisway en la mayoría de las plataformas de podcast populares. Nuestra oración es que usted responda al llamado a la oración como lo hemos hecho nosotros y miles de personas más.

Uno de los primeros principios que aprendimos del pastor Bob fue "Si tienes suficiente fe para orar... tienes suficiente fe para mover la mano de Dios".

Dios lo bendiga,
John y Kathy Casto
Publicaciones de oración de Hisway

Dedicación

A Velma, mi esposa y compañera de oración
Por más de cuarenta años.

Contenido

Prefacio vii

Introducción: ¿Por qué los cristianos no oran? 1

Capítulo Uno: Señor, escucha mi oración 9

Capítulo Dos: Con todo mi corazón 15

Capítulo Tres: Mi padre sabe lo mejor 23

Capítulo Cuatro: Orando por nuestras necesidades 39

Capítulo Cinco: Expectativas irrealistas 49

Capítulo Seis: La idolatría del egocentrismo 57

Capítulo Siete: ¿Cómo podemos conocer la voluntad de Dios? 65

Capítulo Ocho: ¿Por qué Orar? 85

Capítulo Nueve: Nuestra respuesta a Dios 99

Capítulo Diez: Revivir --- La respuesta de Dios a la Oración 113

Capítulo Once: ¿Cómo afecta la duda a nuestras oraciones? 123

Capítulo Doce: ¿Cuánta fe agrada a Dios? 131

Capítulo Trece: ¿Cómo debemos orar? 149

Conclusión 165

Prefacio

Desde el momento en que conocí a B. J. Willhite, sentí algo diferente en él. Al principio, no podía precisar qué era ese algo. Entonces caí en la cuenta: este caballero delgado, canoso, con un espíritu profundo y tranquilo me hizo sediento de Dios. Y cuanto más aprendí sobre el hombre, más sed me dio.

B. J. Willhite nació en el noroeste de Arkansas en los días de las antiguas reuniones campestres pentecostales triestatales y creció bajo la predicación ungida de hombres de Dios como Donald Gee y Raymond T. Richey. De niño vio andenes llenos de muletas, aparatos ortopédicos y sillas de ruedas y escuchó testimonios gozosos de personas que ya no los necesitaban. Sus dos padres eran personas de oración. Su madre murió literalmente de rodillas mientras oraba, y su tía murió de la misma manera.

A la edad de diecinueve años, Bob Willhite entregó completamente su vida al Señor ya la oración. Hambriento de conocer a Dios, a menudo oraba desde la conclusión del servicio del domingo por la mañana hasta la hora del servicio de la tarde. Incluso el servicio militar no debilitó su hábito de comenzar cada día con la oración.

Bob se casó en 1947 y dos años después comenzó a predicar. Creyendo que los predicadores, de todas las personas, deberían orar, se comprometió a desarrollar más disciplina en la oración que nunca. Cualquier oración que hizo, durante los veintiocho años que pastoreó iglesias en Oklahoma, Missouri, Arkansas y Texas.

Fue en 1978, durante su pastorado en una iglesia de las Asambleas de Dios en Kilgore, Texas, que conocí a B. J. Willhite. En ese momento, ninguno de los dos nos dimos cuenta de que lo nuestro era un encuentro divino. Tenía veintiocho años y, francamente, la vida no tenía mucho sentido. Me sentía como un hombre sin patria y no estaba muy seguro de tener un futuro. La mayor parte de mi tiempo la pasé mirando en el espejo retrovisor de mi mente, agonizando por lo que podría haber sido.

Verá, después de que el pastor Howard Conatser muriera en 1978, fui llamado a ser el pastor de su iglesia de tres mil miembros en Dallas, Texas. Había estado sirviendo como ministro de jóvenes y evangelismo, y la gente conocía mi corazón. Pero enseguida Dios me hizo saber que no debía aceptar la oferta.

Un hombre en el comité del púlpito se me acercó con una propuesta que decía algo así: "Hijo, vamos a triplicar tu salario, ponerte en televisión y hacerte rico y famoso. Solo predicas sermones que atraen a la gente por el pasillo y juega bien tus cartas, y te haremos un éxito".

Podía leer entre líneas, y sabía exactamente lo que quería decir. Así que cuadré los hombros, traté de tragar un nudo del tamaño de una pelota de béisbol que se me había formado en la garganta y dije: "Señor, dejé de jugar a las cartas cuando me salvé". Mi respuesta directa me compró un boleto de regreso a Kilgore, Texas.

Aunque me estaba graduando del seminario y mi esposa y yo teníamos tres hijos pequeños en ese momento, volví a mudarme a la casa de mis padres. Me enfurruñaba, me deprimía y le hacía muchas preguntas a Dios, la mayoría de las cuales comenzaban con cómo, cuándo o por qué.

Pero en medio de mi depresión y confusión, conocí a Bob Willhite, quien me invitó a realizar un avivamiento en su iglesia. Poco después, mientras me afeitaba una mañana, el Señor pronunció estas palabras en mi espíritu: "B. J. Willhite será su pastor". Desde entonces, Bob Willhite ha sido mi pastor; no para darme órdenes ni presionarme, sino para ser mi amigo, consejero y tutor.

El avivamiento que dirigí para el pastor Willhite y su gente de oración duró siete semanas, y vimos a quinientos adolescentes salvados, incluida toda la clase de último año de una de las escuelas secundarias locales.

Pero la conversión más grande que sucedió durante ese avivamiento fue mi conversión para convertirse en un hombre más interesado en la oración que en cualquier otra cosa en la vida. Sucedió así.

Una noche le comenté: "Pastor Willhite, entiendo que usted es un hombre de oración".

"Así es", dijo, "Oro. Durante más de treinta años me he estado levantando temprano en la mañana para orar".

Ocultando mi emoción, pregunté: "Mientras se lleva a cabo el avivamiento, ¿me dejarías ir a orar contigo por las mañanas?".

"Bueno, sí", estuvo de acuerdo Bob, "te recogeré mañana a las 5:00".

Tengo que confesar que cuando dieron las 4:15 de la mañana siguiente y sonó mi despertador, no sentí ni una onza de unción para orar. En realidad, si no le hubiera prometido al pastor Willhite que estaría lista a las 5:00, probablemente me habría vuelto a dormir. De alguna manera me las arreglé para ducharme, afeitarme, vestirme y permanecer de pie hasta que el Oldsmobile Cutlass de Bob se detuvo en el camino de entrada.

Mientras cabalgamos hacia la iglesia esa mañana antes del amanecer, no tenía idea de lo que Dios iba a hacer en mi vida, pero una sensación de satisfacción y emoción en mi espíritu me dijo que estaba respondiendo al llamado más vital de mi vida. ministerio – el llamado a orar. En enero de 1979, el pastor Willhite compartió una visión conmigo. Acababa de levantarse de sus rodillas y sentarse en su escritorio cuando escuchó el comienzo de una transmisión de radio, ¡sin la ayuda de una radio! Escuchó con asombro cómo una voz de bajo en pleno auge cantaba el tema principal 'Dios de nuestros padres'. A continuación, se hicieron los anuncios de apertura y comenzó el programa. En ese momento, cristalizó en su mente el concepto de un ejército de oración de 300.000 miembros: un ejército que sería alistado, instruido e inspirado para orar a través de un llamado nacional a la oración.

Poco después de esto, comencé a viajar como evangelista. Una mañana, mientras estaba en oración, el Espíritu Santo me reveló verdades sobre la oración del Señor que iban a revolucionar mi vida de oración y mi ministerio. Meses después, mientras estaba en Canadá dirigiendo un avivamiento para jóvenes, el Señor habló en mi espíritu y dijo: "Ve a Rockwall y establece allí a Mi pueblo".

Rockwall, Texas, una ciudad con una población de alrededor de once mil personas, se alza sobre una colina que domina el lago Ray Hubbard, a unas veinticinco millas al este de Dallas. Es un pequeño pueblo en el condado más pequeño de Texas. Si Dios hubiera mandado, "caerse de la faz de la tierra", no creo que me hubiera asombrado más. En realidad, en ese momento, las dos órdenes habrían parecido ser algo sinónimas. Mudé a mi familia a Rockwall y comencé a aplicar los principios que Dios me había enseñado sobre el crecimiento de una iglesia. Comenzamos Church on the Rock (COTR) en 1980 con trece personas, sin saber que dentro de unos pocos años tendríamos más de cinco mil miembros activos, varias docenas de miembros del personal y casi cuatrocientos grupos celulares.

Pero, ¿qué hay de mi amigo, B. J. Willhite, el hombre que Dios había dicho que sería mi pastor? ¿Qué estaba pasando en su vida? Descubrí que Bob, consumido por el mandato que Dios le había dado, había renunciado a su iglesia. Viajaba, enseñaba sobre la oración, transmitía programas en veintiséis estaciones de radio y trabajaba fervientemente para levantar el ejército de oración. Lo contacté y en 1983 Bob se mudó a Rockwall para convertirse en ministro de oración de COTR. La visión que ardía en su corazón de un ejército de oración de 300.000 miembros pronto se encendió en mi corazón también.

Sabíamos en nuestro espíritu que Dios quería usar COTR como Su plataforma de lanzamiento para el Llamado Nacional a la Oración. Juntos trabajamos para levantar y entrenar fieles intercesores. Puse por escrito la revelación sobre la oración que Dios me había dado y comencé a realizar clínicas de oración en las principales ciudades de los Estados Unidos. Pero, ¿cómo podrían dos hombres relativamente desconocidos levantar un ejército de oración de 300.000 intercesores? ¿Cómo podríamos ayudar a lanzar el asalto de oración que asaltaría las puertas del infierno?

Una y otra vez, Dios nos ha confirmado a B. J. Willhite y a mí Su promesa de que "no vendrá promoción ni del este, ni del oeste, ni del sur" (Sal. 75:6, KJV). La promoción viene de Dios. En cuatro años, hemos visto cómo el mensaje de la oración arraigaba y daba frutos en corazones hambrientos y en congregaciones obedientes en todo el país. Han llegado oportunidades para enseñar el mensaje de la oración en cadenas de televisión nacionales; mi libro sobre la oración, ¿No podrías demorarte una hora?, publicado por Creation House en 1987, es un éxito de ventas. Más de 150.000 intercesores están inscritos en el ejército de oración, que crece a razón de diez mil por mes.

Ahora Dios ha dado un paso gigante más cerca de Su meta de llamar a nuestra nación y a nuestro mundo a la oración y al arrepentimiento. En septiembre de 1988, B. J. Willhite estableció la Embajada Nacional de Oración en Washington, D.C. El centro es el primer eslabón de una cadena de oración gigante que abarca todo el mundo. Le he prometido a Bob todo mi apoyo junto con los líderes de prácticamente todos los principales ministerios de oración, incluidos Gary Bergel, Vonette Bright, David Bryant, Dick

Eastman, Corinthian Boone y Glen Sheppard, intercesores que durante años han reclutado cristianos para orar.

Debido a que la Embajada Nacional de Oración sirve como el centro neurálgico de la oración de la nación, los intercesores ahora podrán orar como un cuerpo unido de una manera más inteligente y eficiente. Bob cree que para fines de 1989, la embajada estará en contacto diario con cientos de miles de intercesores en todo el mundo. ¿Emocionante? ¡Por supuesto! humanamente posible? De ninguna manera. Esta cadena milagrosa de eventos ha sido inspirada por el Señor y está fortalecida por la oración.

El ejemplo de Bob Willhite me ayudó a cambiar mi vida de oración del deseo a la disciplina y al deleite. Toma la enseñanza de este hombre piadoso y devorarla. ¡Las verdades que comparte en este libro lo inspirarán a orar como nunca antes!

Larry Lea, Pastor Principal
Iglesia en la Roca
Rockwall, Texas.

Introducción
¿Por qué los cristianos no oran?

Nunca antes en esta época ha habido mayor interés por la oración. Los medios de comunicación de "tú estás ahí" los medios de comunicación han traído a nuestros hogares todas las culturas religiosas del mundo. ¿Cuál es su objetivo común? La búsqueda de Dios. Y el acto más consistente en esta búsqueda es la oración. Desde la privacidad de nuestras salas de estar podemos ver y escuchar a los budistas, a los Hare Krishna, a los hindúes, a los musulmanes, incluso al mismo Papa y a unas dos docenas de evangelistas cristianos de la televisión rezar. (Ciertamente, no pretendo equiparar la oración ofrecida a las imágenes talladas con la que se hace al Dios de Abraham, Isaac e Israel, el Dios y Padre de nuestro Señor y Salvador, Jesucristo).

¿Qué revela esta búsqueda universal de Dios? Es el resultado de lo que San Agustín llamó el "vacío en forma de

Dios en el hombre"; el corazón humano grita de angustia hasta está lleno de Dios. Nuestras almas anhelan innatamente la realización a través de la comunión con Dios. Si el anhelo del alma no se satisface con la comunión con el Padre celestial, se deleitará con una falsificación convincente, ya sea una imagen tallada o el más despiadado e implacable de los ídolos: uno mismo.

La mayoría de los cristianos profesos saben que deben orar pero, por alguna razón, no lo hacen. Cuando oran, realmente no entienden lo que están haciendo o cómo funciona.

Recientemente, en una conferencia de pastores en Dallas, Texas, a un grupo de aproximadamente dos mil pastores se le hicieron algunas preguntas directas sobre su vida de oración. El noventa y cinco por ciento dijo que rezaba cinco minutos o menos al día. Cuando escuché esto, hice la pregunta obvia: ¿Por qué un porcentaje tan alto de estos pastores fundamentalistas oraba tan poco? Seguramente estos pastores han leído las Escrituras, pero su práctica es muy reveladora. Habiendo sido pastor durante treinta y cuatro de mis treinta y nueve años en el ministerio, sé que no puedes llevar a la gente a un lugar donde no estás preparado para ir. Si los pastores no oran, la gente tampoco.

Tengo el tipo de mente que no puede descansar hasta encontrar respuestas satisfactorias a mis preguntas. Así que comencé a orar y buscar respuestas. Mientras lo hacía, llegué a algunas conclusiones bastante sorprendentes, que finalmente me impulsaron a escribir este libro.

He visto que muchos de los hijos de Dios no orán, excepto en situaciones de emergencia o cuando se les pide que lo hagan, porque no están seguros de que sus oraciones hagan una diferencia real. Piénsalo. ¿Estás seguro de que tus oraciones afectan el resultado de las cosas? Si responde como la mayoría de los cristianos, dirá: "No estoy seguro. A veces creo que sí; otras veces creo que no".

La mayoría de los cristianos con los que hablo creen que la oración hace la diferencia. Afirmarán su fe en el hecho de que "la oración cambia las cosas", pero no están tan seguros de que sus propias oraciones lo hagan. Este sentimiento parece nacer de la inferioridad más que de la humildad. A menos que uno pueda creer que sus oraciones realmente hacen una diferencia, esa persona no orará consistentemente. Él o ella dejarán la oración a otros que parezcan orar con eficacia.

Como resultado de años de tratar con personas individualmente, estoy convencido de que muchos cristianos son fatalistas en su visión del futuro. Ellos creen que lo que va a ser, será – todo lo que sucede es la voluntad de Dios. Es fácil ver por qué alguien que tiene tal filosofía no orarían consistentemente: la oración sería una total pérdida de tiempo para ellos.

Ahora muchos niegan creer tal cosa, pero las acciones hablan más que las palabras. Si decimos que creemos que la oración cambia las cosas y no oramos, pecamos: "Al que sabe hacer el bien y no lo hace, le es pecado". (Santiago 4:17). Por otro lado, la persona que siente que la oración no hace ninguna diferencia real en el resultado pero ora de todos modos está actuando hipócritamente.

¿Por qué tanta confusión? Porque estos creyentes tienen información incompleta que no concuerda con la experiencia personal. Alguna persona respetada les ha dicho: "Dios contesta la oración". Aunque esta es una palabra verdadera, Él no responde todas las oraciones. Un predicador ha dicho: "Dios todavía sana; todo lo que tienes que hacer es orar y creer". Sí, Dios sana a veces, pero no siempre que oramos. Una persona que se cree que es un hombre de Dios les ha dicho: "Si necesitas un milagro, ora y verás un milagro". Sí, Dios puede enviar un milagro en respuesta a algunas oraciones, pero puede que no.

Si alguien ha orado y se ha desilusionado con la oración ("Oré y no pasó nada"), esa persona puede comenzar a cuestionar el amor de Dios y dejar de orar de manera constante.

¿Por qué los cristianos no oran?

Entonces, en última instancia, algunas personas no oran porque están dominadas por la duda. El problema suele ser más dudar de mí mismo (no puedo orar con eficacia) que dudar de que Dios exista o de que Él pueda hacer cualquier cosa a la que se haya comprometido.

Pero los cristianos estamos llamados a orar. Cuando Jesús entró en el templo de Jerusalén y echó fuera a los que hacían del templo una casa de mercado, dijo: "Mi casa, casa de oración será llamada…" (Mateo 21:13). Sé que Jesús no querría que Su casa fuera llamada casa de oración a menos que eso sea lo que es. No estamos en la oscuridad acerca de Su voluntad con respecto a Su casa. Quiere que la oración sea la característica principal; Él quiere que su casa sea reconocida como un lugar de oración.

Hoy el templo de Dios no es un edificio. La iglesia se reúne en un edificio, pero nosotros los creyentes somos el templo del Espíritu Santo tanto corporativa como individualmente (ver I Corintios 3:16; 6:19). Pablo dijo que somos "morada de Dios en el Espíritu" (Efesios 2:22). Sabiendo que su corazón es la morada del Espíritu Santo, considere lo que Jesús dijo: "Mi casa (morada) será llamada casa de (caracterizada por) oración".

Ahora fíjate en la siguiente frase de Jesús: "…pero tú lo has hecho…" Lo has hecho algo diferente de lo que él pretendía que fuera. Incluso el observador casual puede ver que en muchas iglesias se dedica más tiempo a la música, la predicación y anuncios que a la oración. Si hemos hecho de su morada algo diferente a lo que Él pretendía, entonces podemos hacer que sea lo que Él quiere que sea. ¿Cómo? Antes de responder déjame decirte que no se convertirá en una casa de oración hasta que tomes algunas decisiones al respecto. Esas decisiones deben basarse en una comprensión de lo que el Señor realmente quiere. Una vez que te pongas de acuerdo con el cielo en el asunto, puedes hacer dos cosas: Primero, arrepentirte por haber hecho de Su casa algo diferente a lo que Él quiere. Segundo, pídele que te ayude a convertirte en lo que ÉL desea.

Mis padres y los predicadores que salpicaron mi infancia me pusieron en un camino que llamó escuela de oración. Aunque oradores mayores y/o más sabios me han enseñado muchas de las lecciones que he aprendido, el Espíritu Santo ha sido mi profesor principal.

A lo largo de mis sesenta años en la tierra, le he hecho muchas preguntas: ¿Por qué a veces oraba con lo que parecía ser mucha fe y, sin embargo, no veía respuesta? ¿Por qué, en otras ocasiones, oraba con lo que parecía poca fe y recibía una respuesta inmediata? ¿Por qué Dios quería que yo orara? ¿No tenía Él todo poder en el cielo y en la tierra? ¿No tenía Él una voluntad sobre todo lo que marcaba una diferencia real? Si Él tenía voluntad y todo el poder, ¿por qué no hizo simplemente lo que quería y tenía el poder de hacer?

Sabiendo que la Palabra de Dios dice: "Búscame y me encontrarás", comencé a buscarlo de todo corazón. Al hacerlo, me reveló ciertas verdades que satisficieron mi deseo de comprender.

Algunas de las lecciones que Dios me ha dado acerca de la oración están en las páginas de este libro. Mientras escribo, oro para que estas verdades ayuden al lector tanto como han ayudado al escritor.

Capítulo Uno

Señor, escucha mi oración

Crecí en una pequeña casa de cajas en la orilla de Leatherwood Creek en el noroeste de Arkansas. Solo cinco habitaciones pequeñas y un camino. Sin electricidad. No hay agua corriente, excepto el arroyo. Éramos pobres, incluso para los estándares de aquellos días, pero éramos ricos en las cosas que realmente importan. Mis padres sabían orar y orar. Cada vez que nos sentábamos a la mesa a comer, aunque la comida pudiera haber sido escasa, papá siempre daba gracias a Dios y oraba por su guía. Adoramos en una iglesia provista por predicadores laicos de Eureka Springs. Aproximadamente una vez al año, un verdadero predicador vendría y celebraría una reunión de avivamiento. En una de esas reuniones de avivamiento, fui salvo. Sintiendo la convicción de pecado y sabiendo que estaba perdido y necesitaba a Jesús. Caminé por el pasillo, llorando y pidiéndole a Dios que me perdonara y entrara en

¿Por Qué Orar?

mi corazón. Antes de que terminara la semana, Hugh Weston (conocido como el peor pecador de la comunidad) nació de nuevo, al igual que casi todos los niños en nuestra escuela de un salón.

Prediqué mi primer sermón durante esas reuniones, de camino a casa desde la escuela. Mis compañeros de colegio eran mi público; un tocón de roble fue mi púlpito; un tronco era el altar. Cuando invité a "ser salvos", los niños se acercaron al altar de troncos. Incluso el maestro de escuela, el Sr. Fagin, se "encendió" por Jesús, haciendo que el día escolar pareciera una continuación de la iglesia. Esos fueron días gloriosos, y Dios escogió ese momento para darme mi primera respuesta personal a la oración.

Había estado lloviendo ese cálido día de principios de primavera y no podía esperar a que terminaran las clases. Sabía que el bagre cabeza de toro estaría picando en Leatherwood Creek. Había una milla desde la escuela hasta nuestra casa y creo que corrí todo el camino a casa. Abrí la puerta y entré corriendo. "Mamá, ¿dónde están los anzuelos?" I grité. Pero nadie contestó. No estoy seguro, pero probablemente estaba visitando a la Sra. Hilton, nuestra vecina más cercana. Busqué por todas partes esos ganchos. Tenía que encontrarlos, pero no pude. No se encontraban por ningún lado. Finalmente, me detuve justo en la puerta entre la cocina y la sala, miré hacia el cielo y grité en voz alta: "¡Señor, ayúdame a encontrar los anzuelos!".

Ahora, antes de que el eco de esa oración abandonara la habitación, supe dónde estaban los ganchos: encima de la caja fuerte. (Para mis lectores más jóvenes, ahí no es donde guardábamos nuestro dinero, sino donde mamá guardaba los platos y la comida no perecedera). Allí estaban, donde apenas podía verlos, en una bolsita de papel. doblado hacia abajo.

"Fe del bebé"

No puedo recordar nada acerca de la pesca esa tarde. Ni siquiera estoy seguro de haber ido, pero nunca he olvidado que Dios escuchó mi oración. Cuando miro hacia atrás, los anzuelos no parecen ser un tema o necesidad muy importante. Pero mi Padre los usó para enseñarme una lección importante en la oración: Dios nos lleva donde estamos y pacientemente nos enseña que Él nos ama y responderá a nuestras oraciones, incluso si no parecen muy importantes.

¿Alguna vez has notado cómo los nuevos cristianos parecen recibir una respuesta a cada oración? Oran: "Señor, que esa luz se vuelva verde; Estoy retrasado. Como un milagro, se vuelve verde. Luego oran: "Señor, necesito un lugar para estacionar cerca del paseo cubierto, está lloviendo". Y, efectivamente, ahí está. Dios les da un lugar para estacionar a menos de diez pies del dosel.

Solía preguntarme sobre esto. ¿Fue porque tenían una fe tan grande?

¿O fue porque tenían tan poca fe? Creo que este último es el caso.

Nuestro Padre nos lleva justo donde estamos. Él sabe que nuestra fe es poca y que descansa más en lo que Él hace, que en Él.

Pensé en esto en términos de un bebé. Los bebés son egoístas y egocéntricos. Esperamos que lo sean. Nuestro Padre celestial espera que seamos normales, y es normal que un bebé sea un bebé. Pero se espera que los bebés crezcan en algún momento. Ha sido mi experiencia que, aunque sea doloroso, Dios se encargará de que crezcamos. Llegará un momento en que oraremos por algún pequeño asunto y no pasará nada. No habrá respuesta, no porque no tengamos fe o le hayamos fallado a Dios de alguna manera, sino porque nuestro Padre quiere que veamos más allá de nosotros mismos.

Fe creciente

Mi papá, quien murió a la edad de noventa y dos años mientras yo escribía este libro, fue un cristiano fiel toda mi vida. Cuando era joven, el servicio de la iglesia por lo general incluía testimonios durante los cuales a menudo escuchaba a Day decir: "Nunca me tomé en serio con Dios acerca de nada para lo cual no obtuve una respuesta.

"Pero llegó un día en la vida de papá en que se puso serio y no pasó nada. Oró con mucho fervor y no hubo respuesta, al menos no la respuesta que esperaba/ Acababa de llegar a casa del servicio del domingo por la noche en mi iglesia en el sur de Arkansas cuando sonó el teléfono. Mi hermano Laverne estaba al teléfono.

Él dijo: "Bob, mamá ha tenido un derrame cerebral o algo. Ella está en el hospital. Será mejor que vengas.

Metí a mi familia en el auto tan pronto como pude y manejé tan rápido como las carreteras me lo permitieron para llegar al lado de mamá. Cuando llegué unas horas más tarde, todavía respiraba pero estaba inconsciente. Me dijeron que ella estaba rezando en el altar de la iglesia cuando sucedió. Se le había reventado un vaso sanguíneo en la cabeza. Un poco más tarde se fue a estar con su Señor.

Papá estaba afligido por la muerte de mamá, pero había otro asunto que lo preocupaba. Había orado y Dios no había respondido. Tiempo después me dijo: "Hijo, no sé si tengo suficiente fe para ser salvo".

Espero que puedas entender lo que estoy tratando de decir. La fe debe tener una transición en algún momento de la vida. Debo descansar en quién es Dios, no en lo que hace. Él es Dios, incluso cuando no responde a nuestra oración. Él no responde todas las oraciones que hacemos: no porque no tenga el poder, sino porque no sería lo mejor hacerlo.

Fue a Abraham a quien dijimos: "¿No hará lo correcto el Juez de toda la tierra?" (Gén. 18:25). La pregunta pretendía ser retórica. Por supuesto, Dios siempre hará lo correcto. Cuán agradecida estoy de que Él no haya contestado todas mis oraciones. El mundo estaría en un gran lío si Él concediera cada petición. Simplemente no somos lo suficientemente inteligentes como para decirle a Dios qué hacer. Por supuesto que queremos nuestro camino, pero si somos sabios diremos con Jesús: "Sin embargo, no se haga mi voluntad, sino la tuya". (Lucas 22:42)

Capítulo Dos

Con todo mi corazón

¿Notaste que clamé fuertemente al Señor por los anzuelos? Cuando era muy joven aprendí que Dios no se pone nervioso ni se sobresalta fácilmente.

Aunque nuestra casa apenas podía albergar a nuestra familia (Mon, papá y cinco niños), los predicadores visitantes a menudo se quedaban con nosotros. Uno de esos hombres realmente me impresionó con la intensidad de sus oraciones. Fred McConnell bajaba al pequeño valle al norte de nuestra casa y oraba, generalmente al final de la tarde antes del servicio. Bueno, el hermano Fred oró tan fuerte que podías escucharlo a una milla de distancia. ¿Fue alguna vez sincero?

¿Sabes que mucha gente cree que la única forma de orar es en silencio o en silencio? La posibilidad de la oración silenciosa nunca pasó por mi mente cuando era niño. Todos rezaron en voz alta y, a menudo, con lágrimas.

¿Por Qué Orar?

No estoy diciendo que debemos orar en voz alta para ser escuchados; debemos orar con emociones para ser escuchados.

Entonces no sabía que, de hecho, Jesús oraba así: en voz alta y con emociones. Hebreos 5:7 dice de Jesús: "Quien en los días de su carne … ofreció oraciones y súplicas, con gran clamor y lágrimas al que podía salvarlo de la muerte, fue oído…" La Palabra de Dios asegura que nuestro sumo sacerdote puede ser "tocado por el sentimiento de nuestras debilidades" (Hebreos 4:15, KJV). Los sentimientos, las emociones, tocan a nuestro Señor.

Una historia del Antiguo Testamento ilustra muy bien este hecho (2 Reyes 20:1-6). El rey Ezequías estaba enfermo de muerte. De hecho, Dios envió a Isaías a decirle a Ezequías: "Pon tu casa en orden, porque morirás". Note la respuesta de Ezequías a esta declaración profética: volvió su rostro hacia la pared y oró, y lloró amargamente. El versículo 4 dice que antes de que Isaías hubiera salido del atrio medio, Dios le habló de nuevo y le dijo: "Vuelve y dile a Ezequías….: "He oído tu oración, he visto tus lágrimas; ciertamente te sanaré… y añadiré a tus días quince años." Nuestro Padre fue conmovido por las lágrimas de Ezequías, tocado por sus emociones.

David conocía la importancia de las lágrimas. El Salmo 56:8 dice: "Pon mis lágrimas en tu redoma". Puede ser que las copas de oro que Juan vio en el cielo contengan las lágrimas de los santos ofrecidos con su oración. (ver Apocalipsis 5:8)

Las emociones son una parte vital de la oración. Nadie me dijo eso cuando era niño, pero los que estaban cerca de mí lo demostraban con frecuencia cuando oraban. Sus necesidades eran grandes; los sintieron profundamente y oraron por ellos con fervor. Como dice Santiago 5:16, "La oración eficaz y ferviente de una persona que está en buena posición con Dios libera un poder tremendo" (paráfrasis del autor). La oración eficaz es ferviente. Cuanto mayor es la necesidad, más intensamente la sentimos.

Para mí, no sería emocional ni psicológicamente honesto presentarme ante Dios con una oración religiosa. (Oh Tú, Altísimo Dios, Creador del cielo y la tierra, escucha la súplica de este Tu humilde servidor mientras me comunico tranquilamente contigo sobre esta emergencia). Para ser honesto, debemos alzar nuestras voces con fuerte clamor y lágrimas.

Puede que haya sido mi madre quien me lo demostró más claramente. Nunca la escuché pronunciar el nombre de Jesús con la voz entrecortada y los ojos llenos de lágrimas. Ella era tan preciosa. De hecho, ella me oró para que entrara al ministerio.

¿Por Qué Orar?

La llamada

Cuando tenía cinco años, uno de los predicadores laicos de la iglesia, el tío Bill Terril, me preguntó: "¿Qué vas a ser cuando seas grande?" Todavía recuerdo mi respuesta: "Voy a ser un predicador 'santo rodador'". No estoy seguro de saber el significado del término, pero así es como llamaban al tío Bill, y yo quería ser lo que él era.

El verdadero llamado al ministerio vino años después, cuando Dios me habló desde el viento. En diciembre de 1941, la electricidad había llegado a Eureka. Muelles. Teníamos una nevera, una lavadora, una eléctrica bomba en nuestro pozo—y una radio. Recuerdo haber escuchado al president Roosevelt en la radio ese domingo por la tarde cuando él detalló el ataque japonés a Pearl Harbor.

Yo tenía trece años. Mi hermano mayor, Bill, tenía veintitrés y recién casado con un hijo. Laverne tenía diecisiete años, Ronnie tenía nueve años y Bud, el "bebé", tenía cinco. por supuesto, fue llamado de inmediato a reportarse para su incorporación a las fuerzas armadas. Nunca supimos por qué no pasó su examen físico. Él nunca había estado gravemente enfermo en su vida. Mamá siempre creyó que Dios había respondido su oración: quería que su nieto tuviera un padre en casa.

En noviembre de 1942, Laverne ingresó en la Fuerza Aérea y no lo volvimos a ver hasta diciembre de 1945, cuando volvió a casa sano y salvo. Mamá también estaba segura de que Dios le había perdonado la vida, y el resto de nosotros estuvimos de acuerdo.

Durante la guerra, mis padres se mudaron al este de Oklahoma. Después de la guerra, en junio de 1946, Velma, mi novia en ese momento, mi hermano Bill y su esposa, Veda, y varios otros jóvenes de la iglesia alquilaron un pequeño fuera de borda lancha para una salida de domingo por la tarde. Cruzamos a la lado sur del lago Spavinaw donde disfrutamos de un picnic.

Cuando parecía que iba a llover, partimos hacia nuestros autos hacia el norte costa. Debe haber sido siete u ocho de nosotros, demasiado muchos para ese bote pequeño, especialmente en el mal tiempo que nos enfrentamos antes de que pudiéramos cruzar el lago. Solo tres de nosotros sabíamos nadar y no había chalecos salvavidas en el bote.

Cuando me di cuenta del grave peligro en el que estábamos, grité a el Señor por ayuda.

De repente, fuera de la tormenta, escucho una voz clara. lo sabia era Dios cuando simplemente dijo: "¿Predicarás Mi Palabra?" I me di cuenta de que la pregunta estaba dirigida a mí. Hace mucho que ignoró aquella intención infantil de ser predicador. Como un adolescente adquirí otras ambiciones, pero en ese momento todo otras aspiraciones se desvanecieron. Nunca olvidaré mi respuesta a esa voz de torbellino. Pensando que esta era la condición bajo que Dios nos perdonaría, respondí a gran voz, "Sí, Señor, lo haré". Las oraciones de mi madre habían sido respondidas.

Me habían llamado a predicar, aunque todavía faltaban algunos meses antes de aceptar de todo corazón la llamada.

Un mes después, el 14 de julio de 1946, cumplí dieciocho años y Inmediatamente se unió al Ejército. Tres meses después, después entrenamiento básico, estuve destinado en Letterman General Hospital de San Francisco. En poco tiempo, tenía casi He olvidado mi compromiso de predicar la Palabra de Dios. Vida del ejército y las luces brillantes de San Francisco me tenían bajo su hechizo. Dios, o la iglesia, no era parte de mi vida. Pero—mamá estaba orando.

Sabiendo que no estaba donde necesitaba estar con Dios, mama tenía una verdadera pesadez para mí. Al principio de una iglesia servicio más tarde ese año mamá llamó la atención de su pastor, L. R. Bell. Ella estaba llorando y entre sollozos dijo él, "Tengo una gran carga por Bob".

Todos en esa pequeña iglesia rural oraron. En el momento en que comenzaron a orar, de repente sentí la necesidad de ir a la iglesia—para que mi vida vuelva a estar en sintonía con Dios.

Recibí una carta del pastor Bell que me contaba sobre una Iglesia en el distrito de Fillmore de San Francisco. Siendo esta la única iglesia de la que había oído hablar, me dirigí allí. Yo sigo el tranvía y me dirigí a Geary Avenue, a dos cuadras de la iglesia. Caminando esas dos cuadras, fui detenido dos veces por prostitutas, pero mi convicción de estar bien con Dios era tan fuertes que no fueron tentación.

No puedo decirles qué mensaje el pastor, Leland Keyes, predicó esa noche, solo quería que pasara el sermón y dame la oportunidad de volver a Dios. Finalmente lo hizo, y yo lo hice. En ese altar mi vida totalmente cambió. De repente, no quería hacer nada más que server el Señor y hacer su voluntad. La oración ferviente de mi madre había sido contestada de nuevo.

Capítulo Tres

Mi padre sabe lo mejor

Cuando era joven, aprendí varias verdades que sentaron las bases trabajo de base para ideas posteriores que Dios me dio en la oración.Recuerda, Él nos lleva donde estamos y aumenta conocimiento de Él a medida que crecemos en Él.Cuando ese viaje al altar cambió mi vida, la oración se convirtió muy importante para mi. Empecé a orar por todo. Yo a veces me quedaba en la sala de oración del Tabernáculo Buenas Nuevas todo el día el domingo—desde el final del servicio de la mañana hasta el comienzo del servicio de la tarde. Durante los siguientes cuatro meses, noté que cada vez que entraba en esa sala de oración una mujer estaba allí, clamando a Dios como si su corazón fuera a romperse. A veces escuchaba su oración y una y otra vez ella diría: "Señor, salva a la India. Señor, salva a la India". Hora tras hora esta era su oración. Hasta ese momento, nunca había escuchado a nadie orar por una nación para ser salvada. Pero mientras estudiaba la Palabra, noté que en el Salmo 2:8 el Padre, hablando a su Hijo, dice: "Pídeme, y yo te daré por heredad las naciones y los confines de la tierra para tu posesión. Este salmo profético revela la voluntad del Padre sobre el mundo y sus nacionalidades. A el Hijo le dijo: "Te los daré a ti". Me di cuenta de que si el Hijo fue instruido a orar de esta manera, debemos orar de esta manera también.

Segundo de Pedro 3:9 dice que Dios "no quiere que ninguno perezca, si no que todos deben llegar al arrepentimiento." Y en su gran revelación, Juan dice que un tiempo cuando los reinos de este mundo convertidos en reinos de nuestro Señor y de su Cristo (Ap. 11:15). Es la voluntad de Dios que todas las etnias se salven; la sangre de Jesús pagó completamente el precio de la redención de todo. Sólo queda una cosa por hacer. Nosotros, la iglesia, debe levantarse y poseer todo el Señor Jesús comprado Debemos orar, con el compromiso de que será el instrumento a través del cual se hará su voluntad—y debemos obedecer. Alguien ha dicho: "Debemos orar como si todo dependiera de Dios y trabajarlo como si todo dependiera de nosotros." Si no estamos dispuestos a ser usados por Dios para contestar nuestras oraciones, puede que estemos orando en vano.

Un viernes por la mañana en 1979, estaba orando con los hombres de mi iglesia y de repente me sentí abrumado por una carga para China, mi corazón se rompió al pensar en la espiritualidad de esa tierra. tinieblas y gobierno opresivo. Mientras rezaba, las lágrimas fluían por mi cara; Estaba seguro de que había entrado en el corazón de Dios acerca de China, sintiendo en pequeña medida como Él hizo. En algún momento, oré en un lenguaje que sonaba oriental para mí. Era como ser un cristiano chino llorando a Dios para la liberación de la opresión.

He aprendido que cuando uno siente tal carga, uno puede estar seguro de que otros que están en sintonía con Dios están sintiendo la misma carga. Saber esto puede mantener a uno animado—y humilde.

Más tarde descubrí que un grupo llamado Operación Amanecer había estado orando por China durante veinticinco años. Yo llegue a la foto tarde, pero había llegado el momento del cambio.

Ese viernes se ofreció una oración extraordinaria y dentro de una cuestión de días las relaciones entre Estados Unidos y China mejoró. Se abrieron las puertas a los viajeros del Oeste. Se restableció el comercio. El gobierno de China pronto se ofreció a restaurar a las juntas de misión la propiedad que ya tenían confiscada por los comunistas cuando el gobierno los había tomado veinticinco años antes. Las Biblias, no eran permitidas legalmente, fueron nuevamente toleradas. Ahora, algunos años después, se están imprimiendo Biblias en China. Qué fantástica respuesta a las oraciones del pueblo de Dios. Mi compromiso de orar por las naciones fue establecido por la lección que aprendí en la sala de oración de Glad Tabernáculo de noticias en San Francisco. Por primera vez yo me di cuenta de que la oración podía ir más allá de nuestras propias necesidades.

Poniendo a Jesus primero

Antes mencioné a Velma, la novia que estaba conmigo en la barca cuando recibí mi llamado a predicar. Velma no era ningún amigo casual, habíamos salido durante la escuela secundaria y estaban extraoficialmente comprometidos el uno con el otro cuando entré al ejército, cuando hice mi nuevo compromiso con el Señor, escribió para contarle lo que había sucedido. En esa carta, entre otras cosas, dije algunas palabras fuertes: "Ya no tienes primer lugar en mi vida. Jesús es el primero y tú serás el segundo".

No pasaron muchos días después, recibí su respuesta: "Querido Bob, he estado saliendo con otro chico. Seamos tú y yo amigos..."

Las palabras en ese sentido normalmente me habrían lastimado, terriblemente, pero para mi sorpresa, no estaba herido, enojado o decepcionado. Sabía que Jesús era el primero en mi vida y que, si esta era la chica para mí, Él resolvería las cosas, solo le seguiré escribiéndole, contándole mi caminar con Jesús y lo bueno que Él fue conmigo.

El 31 de diciembre de 1947 fui dado de baja del Ejército, por haber cumplido mi compromiso con el gobierno. Cuando volví a casa, no corrí a ver a Velma, realmente sentí que este asunto estaba en manos de Dios. Si algo saliera de esta relación, Él tendría que moverse en su corazón.

Nuestra pequeña iglesia estaba teniendo una reunión de avivamiento en ese tiempo—con un predicador Pentecostal antiguo a quien todos llamado Aleluya Hopkins. El hermano Hopkins no era tan buen predicador. De hecho, apenas podía leer, pero él y su esposa sabían orar, y el Espíritu Santo se movía.

Muchas noches, después de que el servicio de la iglesia había terminado y se retiraban a su pequeño tráiler casero, se les podía escuchar orando hasta altas horas de la madrugada, después de los réprobos de la comunidad eran salvados, no por la predicación del hermano Hopkins, estoy convencido de eso, pero debido a sus oraciones y las de los demás.

Miércoles por la tarde de la semana de mi regreso del Ejército, Velma me llamó y me preguntó si la vería antes del servicio de la tarde. Mientras nos sentábamos en mi auto, ella dijo: "He decidido encomendar mi corazón a

¿Por Qué Orar?

Jesús esta noche. Asistiré a la universidad este semestre de primavera. ¿Te casarás conmigo cuando yo termine la universidad?

¡Guau! ¡Estaba sorprendido! Pero tenía una respuesta rápida para ella.

"No, no lo haré". Hice una pausa para un pequeño efecto. "Pero me casaré contigo tan pronto como podamos arreglarlo.

Sabía que Dios había hecho su voluntad. Diez días después estábamos unidos en santo matrimonio. Eso fue hace más de cincuenta años, y nunca hemos tenido una pelea seria.

Había aprendido una lección muy importante. Si pones a Dios primero en tu vida, todo caerá en su lugar apropiado.

Yo no sabía en ese momento que Jesús había enseñado este principio a sus discípulos. En Mateo 6:33 Él dijo: "Pero buscad primeramente el reino de Dios y su justicia y todas estas cosas os serán añadidas."

Dos veces en este sexto capítulo de Mateo Jesús dijo que tu Padre celestial sabe lo que necesitas (vv.8, 32). Y al decir esto dio a entender que no era necesario seguir pidiéndole que satisfaga nuestras necesidades. Más tarde me ocuparé en detalle con este principio, he aprendido más sobre la oración y cómo funciona a medida que crecí.

Dios, es bueno

Prediqué mi primer sermón en mi vigésimo primer cumpleaños, julio 14 de enero de 1949. Después de un año de predicación en la Escuela Piney, cerca de Jay en Oklahoma, decidí ir a la escuela bíblica. Pero la venida del Señor parecía tan cercana que renuncié después de un año. Despues me convirti en pastor de una pequeña iglesia en el sur de Missouri. Yo nunca sabré por qué esas personas me llamaron, yo era tan joven y sin experiencia. Me quedé allí treinta meses antes de mudarme a otra iglesia en Monett, Missouri. Allí aprendí una de mis lecciones más valiosas en la escuela de oración. Un domingo por la tarde estaba orando en la iglesia, esperando al Señor, acercándome a Él. Acababa de decirle: "Señor, yo quiero pedirte que hagas esto por mí, pero no me siento valioso..."

De repente, Él estaba ahí, parado a mi derecha. Mi cabeza estaba abajo y mis ojos estaban cerrados, pero sabía que Él estaba aquí. tenía miedo de abrir los ojos, sabiendo que si lo veía a Él, me moriría.

Luego habló, amablemente pero con firmeza: "Hijo, lo que sea que te haya dado la idea, te bendigo porque eres bueno, te bendigo porque soy bueno."

¿Por Qué Orar?

A lo largo de mi camino había entendido correctamente que los pecadores fueron salvos por gracia solamente. Pero luego recogí la idea errónea de que después de que uno era salvado, las bendiciones de Dios eran condicionales. Es decir, pensé que teníamos que merecer cualquier futura manifestación de su bondad hacia nosotros. Yo siempre tratando de hacerme digno de sus bendiciones y yo siempre estaba quedando corto. La declaración de mi Señor ese día sobre su bondad cambió toda mi vida y el ministerio.

Su declaración para mí puede no parecer muy importante para uno que fue criado en "gracia" de la iglesia, pero esta no era una doctrina de mi iglesia. Este pequeño pentecostal estaba escuchando la palabra por primera vez y venía directamente de Dios. Fue una revelación de Dios y fue real.

Había experimentado su gracia, pero no había entendido su ilimitación.

Ahora lo sé.

Después de escuchar su mensaje, comencé a ver esta verdad en todas partes en la Palabra. Podría venir ante Él con la confianza en su bondad y orar valientemente ante "el trono de gracia" (Hebreos 4:16), no un trono de juicio ante el cual todos los rincones son examinados por los ojos que todo lo ven del juez del universo. Su trono es un trono de dar. solo una cosa se requiere: una actitud de fe, que crea que Dios es y que Él puede y que Él nos ama lo suficiente como para que, de acuerdo con su voluntad, Él lo hará.

Venimos ante Él, no con una justicia que han cosido con frágiles hilos de esfuerzo humano, pero con una justicia que Él proporciona a todos los que la reciben por fe. Con esa cubierta, puedo entrar en su presencia con confianza, sabiendo que seré recibido y acogido.

Esta revelación no sólo me dio audacia en el lugar de oración, pero por primera vez en mi vida me dio una sensación de seguridad. Nunca había cuestionado la justicia de Dios; ahora nunca cuestionaría su amor y misericordia. Lo sabía, su misericordia se extendió incluso a los pecadores "salvados": que Jesús murió por mis pecados pasados, presentes y futuros.

La confianza en el lugar de oración aumentará a medida que creas que Dios no escucha sus oraciones porque ustedes son buenos, sino porque Él es bueno.

Ser Persistente, recompensa.

El mejor ejemplo bíblico de la recompensa de la persistencia es encontramos en Mateo 15, donde leemos sobre una mujer que no se desanime por la demora: Y he aquí, una mujer de Canaán venía de aquella región y clamó a Él, diciendo: Ten misericordia de mí, Señor, Hijo de David! Mi hija está gravemente poseída por un demonio.

Pero Él no le respondió ni una palabra. Y vinieron sus discípulos y le instó, diciendo: "Echala, porque clama tras nosotros."

Pero Él respondió y dijo: "No fui enviado sino a la oveja perdida de la casa de Israel."

Entonces ella lo adoró y le adoró, diciendo: "Señor, ayúdame ¡a mí!"

Pero Él respondió y dijo: "No es bueno tomar el pan de los hijos y echadlo a los perritos.

Y ella dijo: Es cierto, Señor, pero aun los perritos comen las migajas que caen de la mesa de sus señores. Entonces Jesús respondió y le dijo: "Oh mujer, grande es tu fe! Que te sea como deseas." Y su hija fue sanada desde esa misma hora (vv. 22-28).

Lo primero que noto de esta mujer es que no era israelita; ella era de Cananea, una pagana. Donde ella consiguió su fe es un misterio, pero ella sabía que Jesús era el Hijo de David, y que tenía poder para ayudar a su hija. Ella vino suplicando, orando: "Señor, ten piedad de mí, mi hija tiene un demonio dentro de ella" la situación era grave. Necesitaba ayuda y sabía dónde encontrarla.

Note lo que dijeron estos discípulos amorosos: "Dile que se vaya lejos. Nos está molestando con su mendicidad."

Siento decirlo, pero he conocido a cristianos que se han molestado cuando un compañero creyente oró con una verdadera carga. Recuerde, la gravedad de la situación determinará la intensidad con la que oraremos, si la casa se está quemando con gente dormida adentro, tu no tocas suavemente en la puerta y susurrar: "Tu casa está en llamas". No, te preocupas; gritas fuerte y golpeas la puerta.

La situación lo exige.

Esta mujer tenía una necesidad seria, sobre la cual otros parecían no tener preocupación. De hecho, su preocupación molestó a ellos. Recuerdo estar en un servicio una noche cuando una madre lloró y clamó a Dios por la salvación de sus hijos.

Algunos estaban perturbados por sus gritos, otros trataron de calmarla. Algunos no sabían lo que estaba pasando. Pablo dice: "Alégrense con los que se alegran y por los que lloran con los que lloran". (Rom. 12:15) Debemos sentirnos con nuestros hermanos y hermanas que están bajo una carga y orar con ellos.

Los discípulos simplemente no querían ser molestados por esta pagana. Pero fíjense en lo que les dijo Jesús y les recuerdo a todos, la mujer estaba ahí escuchando y en su presencia dirigió a sus discípulos estas palabras: "Fui enviado para ayudar a los judíos, las ovejas perdidas de Israel, no los gentiles." La mayoría de nosotros habríamos renunciado a buscar ayuda de esa fuente, ¿verdad? entonces, pero no esta mujer, ella se levantó y cayó a sus pies.

Ella lo adoró y clamó: "Señor, ayúdame".

En este punto, Jesús volvió a hablar, esta vez a ella. "Yo no puedo tomar el pan de los hijos y echárselo a los perrillos".

¿Alguna vez has escuchado palabras tan insultantes? Por favor cree cuando digo que Jesús ama a la gente. Él no es un fanático o un racista estaba demostrando una verdad que necesitamos aprender.

Cuando esas palabras salieron, estoy seguro de que se oyó un susurro a través de la multitud. Algunos sin duda decían: "Eso es revelador" el perro." Otros se sorprendieron por sus palabras. Entonces la mujer habló con voz humilde: "Sí, Señor, soy un perro. No voy a discutir ese punto, pero hasta los perros reciben las migajas que caen de la mesa de sus amos."

Podría haberlo "estropeado" en ese momento, pero tenía la necesidad y Jesús era su única esperanza. Tenía que persistir y lo hizo.

Fue su persistencia frente a la decepción y el retraso eso hizo que Jesús dijera: "Oh mujer, grande es tu fe".

¿Qué lección podemos aprender de la experiencia de esta mujer? Yo creo que podemos decir: La demora no es necesariamente negación.

No hace mucho le hice al Señor una pregunta directa: "Señor, cuando sabemos que las cosas que estamos pidiendo son tu voluntad, ¿por qué hay veces, tantos retrasos en las respuestas?

De repente, en mi espíritu, escuché esto: "La ley de la relatividad opera en el reino espiritual de la misma manera que lo hace en el reino físico."

Sabía que Dios estaba hablando porque nunca había tenido tal pensamiento. Sabía poco sobre la ley de la relatividad.

Dios lo sabía y sabía cuánto hacía yo ahora por él. Tal como lo entendí, esta ley esencialmente dice que todas las cosas en el universo están relacionadas. Cuando hay una acción, hay una reacción, incluso si no podemos verla. Nada sucede en un vacío.

Rápidamente vi la lección espiritual. Dios no está haciendo solo una cosa, sino muchas cosas a la vez que están relacionadas. Cuando Hace algo en un lugar, afecta las cosas en otros lugares. Pablo dice en Romanos 8:28: "Todas las cosas cooperan".

Nos apresuramos tan rápidamente a la parte "para bien" del versículo que no vemos una verdad muy importante: todo está funcionando juntos. Cuando estoy orando, le doy a Dios la opción de trabajar en el asunto eso me preocupa, pero debo darme cuenta de que por lo que Él está haciendo en otros lugares, puede que no se ajuste a mi tiempo programado. Lo que Él haga en respuesta a mi oración afectará otras cosas que está haciendo. Como el Señor me dio este entendimiento, tuve una imagen mental de un tablero grande en qué fichas de dominó se estaban configurando en diseños intrincados.

¿Has visto que esto suceda? Cuando las fichas de dominó están listas, alguien toca el primer dominó y todas las cosas caen en todas direcciones.

La oración es algo así como esas fichas de dominó, cada vez que nosotros oramos, estamos armando otro dominó; algún día el Padre va a tocar uno y las cosas van a caer en su lugar. Así que no te canses ni te desanimes; cuando estés orando conforme a su voluntad, será hecho.

La hermana de mi padre oró por sus dos hijos hasta que murió, pero ninguno de ellos se salvó. Sin embargo, Dios había oído sus oraciones no mucho después de que ella fue a estar con el Señor, su hijo menor dio su vida a

Jesús y ha estado caminando con él muchos años. El hijo mayor resistió al Señor hasta que en un mes, más o menos antes de su muerte, él también aceptó a Cristo. Se unió a su madre en oración en la gloria. ¡Alabado sea el Señor!

Cuando sabes que estás orando la voluntad de Dios, no te debes detener. La respuesta vendrá, puede que no lo veas, pero la hará venir.

Estoy completamente persuadido de que ningún ser amado que no sea salvado por cuya salvación alguien ha orado persistentemente será perdido. Esa persona será salvada. Recuerda que Dios no desea que uno perezca, pero que si todos se arrepientan. Si oramos, el Espíritu tratará con ellos y ellos no podrán resistir, se arrepentirán y se volverán a Dios.

Persistencia frente a la decepción, tal vez eso sea lo que significa ser un vencedor. Quiero superar cada obstáculo y ser persistente en el lugar de la oración. ¿Qué tal tú?

Capítulo Cuatro

Orando por nuestras necesidades

Durante los primeros doce años de mi ministerio pastoral, prediqué en iglesias de cien personas o menos. Durante meses iría sin suficiente dinero en mi bolsillo para comprar una taza de café (No es que bebí las cosas entonces). A pesar de nuestra situación financiera, nunca me sentí privado de nada. Estaba aprendiendo a confiar en Dios para todo, que fue difícil a veces, pero muy gratificante, no siempre en cosas materiales, sino en el desarrollo de una comprensión de los verdaderos valores. Teníamos un hogar, no solo la casa también siempre tuvimos buenos carros y suficiente para comer. Nuestra ropa era buena o mejor que la de la mayoría de nuestros feligreses.

Durante los años que siguieron observé la curación y ministerios de milagros que habían florecido a finales de los años 40 y los años 50 se desvanecen. Otros ministerios de "fe" se convirtieron en un importante fuerza, especialmente

¿Por Qué Orar?

en la comunidad carismática. en mi oración viaje vi muchas respuestas, pero en un nivel la oración era convirtiéndose cada vez más en un verdadero misterio para mí. No pude entender por qué Dios quería que yo orara. ¿Podría la oración cambiar la mente de Dios? ¿Estaba todo predestinado? Si Dios tenía todo el poder y voluntad sobre todo, ¿por qué no simplemente hizo lo que quiso? ¿Cuánto poder tiene realmente Satanás? ¿Podrá impedir que Dios haga su voluntad? ¿Cómo mis oraciones afectan a las cosas?

Mientras estas preguntas llenaban mi mente, me preguntaba si la oración fue una pérdida de tiempo. Sin embargo, seguí en ello, decidiendo en ocasiones probarlo: dejaría de orar por un tiempo y vería si había alguna diferencia perceptible. Mientras tanto, leo muchos libros sobre el tema y uno en particular llamándome a regresar al lugar de oración, Era de E.M. Bounds 'El predicador y la oración'.

A principios de los años 70 me propuse encontrar la respuesta con la promesa de Jesús "Busca y encontrarás", comencé mi búsqueda. Yo cuidadosamente estudie la oración que Jesús, el gran Maestro, había enseñado a sus discípulos a orar, lo vi como perfecto patrón y lo usé en mis oraciones diarias. Aunque no puedo decir que pronto encontré respuestas, sentí que siguiendo ese patron me llevaría a las respuestas que buscaba sabía que yo estaba en el camino correcto. En 1977 recibí un llamado para pastorear una iglesia en Kilgore, Texas. En un sentido natural, esto fue un paso hacia abajo, de una iglesia más grande me fui a una pequeña, pero creyendo que Dios estaba en ella, acepté. Mientras pastoreaba esa iglesia, comencé a recibir respuestas a mis preguntas. Un misionero, cuyo nombre no recuerdo me envió un libro titulado "Destinado para el Trono" por Paul E. Billheimer. Ese librito abrió los ojos de mi fluyó la comprensión y la revelación. Durante once años he recibido una revelación tras otra.

Nueva luz sobre viejas lecciones

Anteriormente mencioné la lección que aprendí sobre poner primero las cosas primero Eso puede haber sido lo más importante que aprendido en aquellos primeros días de caminar con el Señor.

Aunque había leído las palabras de Jesús registradas en Mateo 6:33 muchas veces, de alguna manera no pude ver el principio contenida en el mismo; "Buscad primeramente el reino de Dios y su justicia y todas estas cosas (las cosas que necesitas) se te añadirá."

Estas palabras siguen a dos declaraciones muy importantes, primero Jesús dijo: "Vuestro Padre sabe las cosas que tenéis necesidad desde antes de que le preguntes" (6-8). Luego, después de señalar que el los gentiles (incrédulos) tenían su atención en las cosas materiales, como lo que iban a comer y vestir—Jesús dijo, "Vuestro Padre celestial sabe que tenéis necesidad de todos estas cosas" (6:32).

Luego, en el versículo 34, viene la palabra de enlace "por lo tanto", introduciendo la conclusión de Jesús, "no te preocupes". Como tu Padre sabe que tenéis necesidad de estas cosas y como Él es Padre responsable, no te preocupes ni te inquietes por estas cosas. Sus necesidades serán satisfechas simplemente porque está en la familia de Dios. El Padre te adoptó. No lo hiciste adoptarlo. Dios te escogió entre todos los demás, como Pablo dice en Romanos 8: "Y os marcó para ser un exacto duplicado de su Hijo".

Siendo esto cierto, no necesitamos rogar a Dios para que supla nuestra necesidades personales; Él hará eso. Debemos buscar primero el reino de Dios y su justicia; y si lo hacemos, Jesús dijo que "todas" las cosas que necesitamos nos serán añadidas.

Pero alguien puede preguntar: ¿Cómo se busca primero el reino de Dios? Jesús acababa de decirles a sus discípulos cómo hacer esto. Si leemos cuidadosamente lo que dijo, aprenderemos en Mateo 6:9, 10 Jesús dice: "De esta manera, orando ....". Vengan a tu reino, hágase tu voluntad en la tierra como en el cielo." Ve delante del Señor y haz esta oración; sigue este patrón día a día al hacerlo, no sólo en su reino será establecido y así como en su voluntad en la tierra, pero en tu vida también. Además, cada necesidad personal será cumplida.

Sé que esto suena simple y lo es, pero no es fácil.¿Por qué? debido a nuestra tendencia natural a ser egoístas y egocéntricos. ¿Quién quiere orar por algún Reino invisible? Cuando los cristianos inmaduros oran, deben ver resultados inmediatos que satisfacen la carne.

Jesús llevó a sus seguidores más cercanos con Él al lugar de oración en la noche antes de su crucifixión, se retiró un poco de ellos y comenzó a orar con agonía en su espíritu. En un rato él volvió y los encontró durmiendo. "¿No pudiste verme ni por una hora? Él preguntó (Mat. 26:40). Después de que la escena se repitió tres veces, Jesús les dijo a ellos y a nosotros: "El espíritu de la verdad está dispuesto, pero la carne es débil" (v.41). Y otra vez Él dice: "Velad y orad, para que no entréis en tentación".

Parece ser la naturaleza de la carne ser débil donde debe ser fuerte y ser fuerte donde debe ser débil. La naturaleza vieja y no renovada no quiere orar sobre asuntos que no ofrecen una "solución rápida". Jesús sabía y conoce esta verdad acerca de nosotros, así que prometió que cada necesidad—física, financiera, espiritual y emocional—sería ser satisfechas si buscamos primero el reino de Dios y su justicia.

Estaba completamente convencido de que este principio era cierto. así que se lo enseñé a la gente de mi iglesia. Como yo lo hice, ellos también lo practicaron y sucedieron algunas cosas asombrosas.

Orando, Oraciones del Reino

Como iglesia estábamos orando por Colima, México, una ciudad que en ese momento no tenía un fuerte testimonio cristiano. Toda nuestra gente oraba: "Señor, establece tu reino en Colima ....". Hágase ahí tu voluntad." Durante este tiempo de oración concentrada, uno de nuestros jóvenes casados vino a casa del trabajo para encontrar a su esposa casi llorando. "Marco, yo he tenido un terrible dolor de cabeza todo el día. Simplemente no desaparece".

En respuesta, Mark la abrazó y oró "Señor, salva a Colima, Que tu reino sea establecido ahí. De repente, Karen testificó más tarde, el dolor de cabeza desapareció. Era como si Dios les hubiera dado su propio testimonio personal a la validez de la enseñanza que habían estado escuchando acerca de poner el reino de Dios primero y luego confiar en Dios para cuidar de todas sus necesidades.

No mucho después de esa experiencia, enseñé este principio a un pequeño grupo en el Este de Texas. Una joven madre más tarde me dio su testimonio:

Orando por nuestras necesidades

Su hija de dieciocho meses había estado sufriendo de una infección ocular que se había resistido obstinadamente al tratamiento médico. Poco después de escuchar la enseñanza acerca de poner el reino primero, caminó por su casa y oró, "Padre, establece tu reino aquí en esta ciudad, que se haga tu voluntad, cuando eso pase, no habrá más infecciones que apañen a nuestros hijos."

Unos momentos después, ella miró a su hija y estaba completamente asombrada al ver que los ojos del bebé estaban claros. Toda la infección se había ido. ¡Alabado sea el Señor!

Casi al mismo tiempo, Velma y yo estábamos en el oeste de Kansas llevando a cabo un seminario de oración para la iglesia Presbiteriana. Después de haber enseñado este principio, vino un agricultor de maíz y me invitó a visitar su finca. Al día siguiente salimos a su casa, sentado en medio de cientos de acres de maíz maduro. Cada oreja estaba llena y colgando después de que yo he visto la disposición del terreno, ese agricultor me contó su historia. Él dijo: "Predicador, cuesta cuarenta mil dólares al año asegurar mi cosecha contra el granizo. Pero cuando llegó el momento de renovar la póliza de seguro, sentí que el Señor me decía que si pongo los cuarenta mil dólares en la ofrenda misionera, Él cuidara de mi maíz".

Puedo decirte positivamente, porque yo estuve ahí, esa tormenta de granizo había rodeado su propiedad, los cultivos de sus vecinos estaban gravemente dañada, pero no había caído granizo sobre la tierra de este hombre. Había puesto el reino de Dios en primer lugar y su necesidad había sido satisfecha.

No sé si ese hombre alguna vez tuvo el desafío del Señor de esa manera otra vez y no estoy sugiriendo que todos deberían dejar el seguro, pero si el Señor te lo dice, hazlo. Él 'cumplirá' su palabra; la clave es poner a Dios primero.

No mucho después me dieron mi propia prueba personal de que el principio del reino-primero, es válido. Nuestra hija menor Terri era diabética desde los siete años. Su médico le dijo que si tenía intención de tener hijos, debería hacerlo mientras era joven. Cuando ella y su esposo decidieron que de hecho querían un hijo, ella quedó embarazada. Pronto notó un problema con uno de sus ojos y vio a un oftalmólogo. Su examen mostró que los vasos sanguíneos detrás de la retina de su ojo estaban estallando, dijo que necesitaría tratamientos con láser pero cuando él descubrió que estaba embarazada, dio a entender que a menos que ella no interrumpiera el embarazo podría quedar ciega. Él la envió a su ginecólogo, quien la envió a un especialista, quien le dijo que si no interrumpía el embarazo tal vez no viviría más de cinco años su pronóstico era que lo que está pasando en los ojos probablemente pasaría en sus riñones. Él vio un aborto como su única alternativa.

Velma estaba con Terri cuando recibió esta noticia, y Velma llegó a casa llorando. Cuando escuché la historia, inmediatamente me fui ante el Señor. "Padre, ten piedad de nosotros", supliqué. Pero sabía que estaba enfrentando mi propia prueba personal del principio del reino primero que enseñé tan fervientemente. Dije: "Padre, he estado enseñando que si buscamos primero tu reino y justicia, Tú te encargas de asuntos como este. "Yo continúe: "Señor, si lo que he estado enseñando es correcto, que médico va a dar un giro de 180 grados en su pronóstico. Si él no cambia, asumiré que lo que he enseñado no es la verdad, y nunca la volveré a enseñar."

Bueno, Terri y su esposo decidieron continuar y programaron la operación para el jueves siguiente. Velma y yo seguimos orando, "Venga tu reino, sea tu voluntad." El martes, antes del aborto programado, el doctor llamó a mi hija a su oficina para continuar la consulta. Cuando ella llegó ahí, él había hecho un giro de 180 grados. Sobre la base de una serie de artículos que había leído la noche antes, recomendó un tratamiento alternativo que él pensó que sería seguro para ella y el bebé.

Michelle nació el 18 de abril de 1900. Ella sabe que no estaría aquí si Jesús no hubiera intervenido. Y yo sé que el principio del reino primero es verdadero y funciona.

El ejemplo de Salomón

Primeros registros de Reyes 3 son un evento interesante en la vida de Salomón. Poco después de convertirse en rey de Israel, Dios le habló a él en un sueño: "¡Pregunta! ¿Qué te daré? (v. 5). El Señor le estaba diciendo a Salomón: "Pide cualquier cosa que desees y te será dado a ti."Salomón respondió confesando su debilidad e incapacidad para gobernar: "Soy un niño pequeño; no se como ir, salir o entrar" (v. 7). Pidió sabiduría y discernimiento para gobernar la nación de Israel con justicia: "Dale a tu siervo un corazón entendido para juzgar a tu pueblo" (v. 9). El Señor estaba complacido con la petición de Salomón y respondió que Él le daría a Salomón riqueza y honor además de sabiduría: "Porque has pedido esta cosa y no has pedido... *por ti mismo*... también te he dado lo que no habías pedido" (v. 11, cursiv agregada).

No es interesante que Dios le dijera a Salomón, "Aunque tu no lo pediste, te voy a dar riquezas y honor además de lo que pediste" Este ilustra el mismo principio que Jesús enseñó a sus discípulos en Mateo 6:33.

No puedo decirles la cantidad de personas que se han establecido libres por esta simple verdad. Jesús no está diciendo que nunca pidas cosas personales, Él está diciendo que el reino debe ser primero. Con esto en mente, podemos orar con mucho mayor sentido de expectativa.

Capítulo Cinco

Expectativas irrealistas

Uno de los problemas más desconcertantes que enfrentan muchas personas cristianas creyentes en la Biblia es reconciliar lo aparentemente ilimitado promesas positivas de la palabra con las limitaciones de aquellas promesas en su experiencia.

Leemos las Escrituras (que se nos dice que significan lo que decir); hacemos lo que dicen y no pasa nada. "Llámame, y te responderé, y te mostraré cosas grandes y ocultas que no conoces" (Jeremías 33:3); "Cualquier cosa que pidas cuando oréis, creed que las obteneis y las tendréis" (Marcos 11:24); "Si dos de vosotros se ponen de acuerdo en la tierra todo lo que pidan, les será hecho por mi Padre que está en los cielos" (Mateo 18:19).

Estas promesas parecen ser ilimitadas. parecen decir que cualquiera puede pedir cualquier cosa, en cualquier momento y se hará. Este, sin embargo, no parece ser el caso de muchos que oran, piden muy sinceramente, creyendo que Dios puede hacer lo que piden, pero no pasa nada. ¿Por qué Dios no hace lo que ha dicho que haría? Estas promesas parecen cubrir todas las necesidades; físicas, financieras, espirituales y emocionales. ¿Pero lo hacen realmente? ¿Existen requisitos y/o limitaciones que no se indican? Reconociendo que estoy pisando "tierra sagrada", estoy eligiendo mis palabras muy deliberadamente.

Después de muchos años de caminar con el Señor, me he convencido de que toda promesa de Dios tiene limitaciones, ya sean declaradas o implícitas.

Las promesas, ¿son limitadas?

Cuando hablamos, esperamos que aquellos que escuchan entiendan las cosas que decimos en el momento presente en el contexto de lo que han dicho en el pasado. Es por eso que debemos leer 'todas' las palabras de Dios. Todas las promesas de Dios tienen un trasfondo relevante; nosotros no podemos sacar una promesa de su entorno y tratar de mantenerse firme en ella, hacerlo puede ser muy decepcionante, algunos aparentemente ilimitados, las promesas tienen limitaciones; para que se entiendan correctamente debe ser examinado en el contexto de toda la revelación de Dios en su Palabra. Dios no hará por mí las cosas que son contrarias a su naturaleza amorosa.

Expectativas irrealistas

El no hará nada que viole su propio ser santo, él no hará nada que esté mal. No contesta las oraciones de rebeldes y los desobedientes deliberadamente, a menos que esas oraciones sean por el perdón Él no responderá a aquellos que son egoístas y egocéntricos. Dios no hará por nosotros lo que nos dijo que hiciéramos eso; es decir, no podemos delegar en Dios lo que Él nos delegó. Tu ¿verás? "El cualquiera" no se aplica a todos. "Cualquier cosa" no significa "todo".

Como decía Jesús a menudo: "Si tienes oídos para oír, escucha". La verdad no destruirá tu fe; os hará libres (ver Juan 8:32). Duda, frustración, incredulidad, ira y depresión a menudo son el resultado de tener sólo una parte de la verdad. Permítanme ilustrar; supongamos que trabajé para un ranchero; he estado trabajando para este hombre durante muchos años y yo confiaba en él completamente, nunca me había dicho nada más que la verdad.; él siempre cumplió su palabra. Un día me dice: "Bob, quiero que construyas una cerca desde la esquina suroeste de mi propiedad a la esquina noroeste." Cargue los postes, el alambre y las herramientas necesarias para hacer el trabajo en la camioneta, cuando estaba a punto de arrancar el pick up, el ranchero dice: "Si necesita algo, llámame por la radio y te lo enviaré tan pronto como pueda."

Mientras trabajo, me pongo a pensar en lo que dijo el jefe. Él dijo: "Si necesitas 'cualquier cosa', llámame", me recuerdo a mi mismo la honestidad e integridad del jefe. Este hombre no mentiría. Él dijo "cualquier cosa" y si lo dijo, lo dijo en serio. Así que decidí llamarlo. "Jefe, ¿te acuerdas diciéndome que si necesitaba algo podría llamarte?

"Sí, seguro que sí. ¿Qué necesitas?" para ponerlo a prueba, respondí: "Dijiste 'cualquier cosa'. ¿no es así? "Sí", respondió, "¿qué necesitas?". "Bueno, necesito un auto nuevo..."

Ahora, ¿crees que el "cualquier cosa" del ranchero se aplica a un coche nuevo? Por supuesto que no. Aunque no se dijo claramente, el decir "cualquier cosa" se aplica sólo a las cosas que tienen que ver con la construcción del cerco.

El 'cualquier cosa' de Dios tiene las mismas limitaciones implícitas. Él es diciendo: "Cualquier cosa que te ayude a hacer aquello a lo que te he enviado hacer será concedido." En ese contexto, Dios suplirá tan pronto como el puede, no solo está construyendo vallas; Él está construyendo una cerca a los constructores Él está más preocupado por nosotros que por lo que estás haciendo. Él está más interesado en trabajar en nosotros que a través de nosotros. El trabaja en los dos, tanto en su deseo como el hacer su bien a su placer" Fil 2:13, NVI).

Debemos orar: "Señor, Tu voluntad y Tu reino son las cosas más importantes ayúdame a hacer lo que me has pedido hacer. Equípate con las herramientas para construir las cosas que has puesto en mi corazón para construir." Lo que sea que necesite para hacer el trabajo que el me mandó hacer será hecho. Sin embargo, esas cosas pueden que no venga hasta que hayamos gastado todo nuestros recursos. Cuando hemos llegado a nuestro fin, Dios comienza.

Pablo dijo: "Mi Dios suplirá todo lo que os falta conforme a sus riquezas en gloria por Jesús Cristo" (Filipenses 4:19). No dice, que todo lo que tu quieras y desees será satisfecho, sólo las necesidades.

Muchas de nuestras expectativas no son realistas porque se basan en falsas suposiciones. Las falsas suposiciones, producen falsa esperanza y como dijo Salomón: "La esperanza que es diferida, hace que el corazón enferme" (Prov. 13:12. Dios no ha prometido ser todas las cosas para todos los hombres, él no se ha comprometido a sí mismo a no hacer nada y a la vez todo lo que pedimos.

Orando en el nombre de Jesús

Esta enseñanza está en línea con las palabras de Jesús: "Todo lo que pidan en mi nombre, yo lo haré, que el Padre sea glorificado en el hijo. Si algo pidiereis en mi nombre, yo lo haré" (Juan 14:13,14). ¡Qué verso tan poderoso y aparentemente inclusivo de escritura, pero la cláusula calificativa es "pedid en mi nombre".

¿Por Qué Orar?

Estaba considerando esta promesa un día mientras oraba y recordé varias enseñanzas sobre el pasaje que había, ya sea escuchado o leído. Un hermano había dicho: "Es como si Jesús nos ha dado un cheque en blanco del banco del cielo y nos ha dado instrucciones para llenarlo en cualquier cantidad y presente para ser cobrado." Bueno, yo he hecho eso y mis cheques fueron rebotados.

Otro había dicho: "Jesús nos ha dado el poder de abogar'; tenemos la autoridad de usar su nombre para obtener lo que nosotros necesitamos."

De repente dije en voz alta: "Señor, eso no funciona. He pedido cosas en el nombre de Jesús y no se han cumplido". Tan pronto lo había dicho cuando el Padre dijo: "Hijo, tú no sabes lo que es pedir en el nombre de Jesús." Como yo había pensado en esa palabra, supe que él tenía razón. Yo no sabía cómo pedir en el nombre de Jesús. Todo lo que estaba haciendo era presentar mi 'lista de deseos' y luego decir: "En el nombre de Jesús, amén". Me pareció que estaba usando ese nombre sin ninguna comprensión de lo que significaba.

El Señor no me dio más explicaciones, así que obtuve mi nuevo Testamento griego interlineal y el de Thayer Léxico griego-inglés y busqué por el significado. Para mi sorpresa, un estudio exhaustivo reveló que, si se expande su significado más completo en inglés—Jesús en efecto estaba diciendo, "Todo lo que pidiereis por mi mandato y autoridad, obrando en mi nombre, para el avance de mi reino, haré que el Padre sea glorificado en el Hijo." Orar en el nombre de Jesús adquirió un nuevo significado.

De repente, el reino vuelve a estar enfocado. La oración fue principalmente a favor de su reino, pude verlo en nosotros han sido autorizados a actuar en su nombre para avanzar en su reino.

Cuando uno es delegado por el alguacil del condado, a él se le otorga poder (arma) y autoridad (insignia). Todos los alguaciles saben que no tienen autoridad para actuar en su propio nombre. Ellos no pueden imponer su voluntad a los demás sino debe ser de acuerdo con las leyes del condado. Deben actuar en nombre de quien les dio su autoridad.

Nuestro rey nos ha dado autoridad pero no para actuar en nuestro propio beneficio. Actuamos en su nombre, no podemos usar el poder dado a nosotros para satisfacer nuestros deseos egoístas, ni siquiera nuestras necesidades.

El ejemplo de Jesús

Después de que Jesús fue bautizado por Juan en el río Jordán, fue llevado por el Espíritu al desierto para ser probado por Satanás (ver Mate. 4:1). Cuarenta días pasó Jesús en el desierto de Judea sin comida, al final de esos días Él tenía hambre. Mientras Jesús estaba en esta condición debilitada, Satanás vino a Él y dijo: Puesto que eres Hijo de Dios, ordena que estas piedras se convierten en pan" (4:3, paráfrasis del autor). Jesús ciertamente tenía el poder de hacer lo que Satanás sugirió.

El podría haber usado su poder para satisfacer su propia necesidad, pero Él se negó a hacerlo. A Satanás le dijo: "El hombre no vivirá sólo de pan, sino de toda palabra que sale de la boca de Dios" (4:4).

Poco antes de su ascensión, Jesús llamó a sus discípulos a su alrededor y les dijo: "Como me envió el Padre, así también yo os enviaré"—de la misma manera, con la misma autoridad (Juan 20:21). Entonces, mientras respiro sobre él, Él dijo: "Recibid el Espíritu Santo" (Juan 20:22). (Yo personalmente creo que inmediatamente 'nacieron de nuevo'; la vida desde arriba fluyó en él.) Unos días más tarde recibieron el poder de Jesús. Cuando lo hicieron, salieron a hacer su voluntad, no la de ellos.

Puede parecer que estoy exagerando el punto, pero si la oración debe ser una experiencia significativa, el orador debe entender que estamos en este mundo para actuar en nombre de uno quien nos llamó. Si la oración ha de ser verdaderamente eficaz, debe ser altruista. Santiago, el hermano de nuestro Señor, dijo: "Tú pides y no recibiréis porque pidáis por malos motivos que pueda satisfacer sus propios deseos egoístas" (Santiago 4:3, autor del paráfrasis), lo que me lleva a otra lección importante en oración.

Capítulo Seis

La idolatría del egocentrismo

Yo estaba en mi cuarto de oración una mañana meditando en el Señor y su palabra cuando me habló, en mi espíritu lo escuché decir: "Hijo, todo pecado es idolatría". Estaba seguro de que había oído o había leído esa declaración antes, así que dije: "Señor, creo que tengo ya escuchado eso, pero no lo he podido entender, Él respondió: "Todo pecado es una manifestación de egoísmo y egocentrismo, y esto es idolatría."

Mientras pensaba en ello, pude ver que esto era cierto. Orgullo fue la manifestación del egoísmo que hizo que Lucifer cayera desde su lugar exaltado junto al trono de Dios. Satanás a su vez tentó a Eva con egoísmo: "Tú Seréis como Dios" (cf.Génesis 3:3-5). Ella fue seducida y engañada. Creyendo en la mentira de Satanás, su deseo de ser independiente hizo que ella y su esposo comieran del árbol.

¿Por Qué Orar?

La raíz de la lujuria también es el egoísmo. Odio, falta de perdón, la codicia, la avaricia, los celos, el miedo, todos son manifestaciones de egoísmo. Yo, yo, lo mío y lo es mío están entre las más frecuentes-palabras usadas en el vocabulario de la persona promedio.

Es trágico, pero puede que estemos viviendo la mayor generación autocentrada que jamás se haya producido. Parece que nos enfrentamos a cada nueva posibilidad con la pregunta ¿Qué voy a sacar de eso? Muy a menudo se desarrollan nuevas relaciones con ulteriores motivos Nos decimos a nosotros mismos, esta persona puede ser capaz de ayudarme a alcanzar mis metas; Puedo usarlo a él o ella.

O podríamos decir, no puedo ver cómo esta persona puede ayudarme, así que no voy a salir de mi camino para desarrollar una significative relación. Esto no nos pone en una muy buena luz, pero yo el temer es la verdad. Una de las grandes tragedias de nuestro tiempo es que tal espíritu ha entrado en la iglesia. Gran parte de la enseñanza en la iglesia y en la televisión en los últimos años ha fortalecido los deseos carnales y han generado una lujuria pòr las cosas materiales.Pero cuando los cristianos actúan más humanamente escuchan el mensaje de como hacer una confesión y recibir los deseos de un solo corazón más positivo—un mensaje que dice que Dios quiere que todo su pueblo sea próspero materialmente y su favor especial vendrá sobre cualquiera que cree: los cristianos carnales harán lo que se les diga, que se derrame la bendición de Dios sobre sus vidas. Ellos dan para recibir y lo que obtienen lo consumen en sus propias lujurias.

Desafortunadamente, hay charlatanes que se aprovechan del ser humano, del cual oran por la debilidad de este ser humano para sus propios propósitos egoístas. David advierte: "Si las riquezas aumentan, no pongas tu corazón en ellas" (Sal. 62:10). Pablo escribe sobre las riquezas materiales solo una vez, diciendo que son 'inciertas' (ver 1 Timoteo 6:17). Personas que reciben una dieta constante de este rey de la enseñanza orará egosentricamente, con oraciones egoístas. Si el egoísmo es idolatría, debemos arrepentirnos y pedirle a Dios por su perdón.

Necesidad de desinterés

Egoísmo: preocuparse excesiva o exclusivamente consigo mismo—es la tendencia natural de la carne. Nunca nos libraremos totalmente de esto en esta vida, pero con entendimiento y la ayuda del Espíritu Santo podemos ser menos egoístas.

El desinterés debe ser uno de los objetivos más importantes de nuestras vidas. Jesús es nuestro ejemplo. Dijo a sus seguidores: "Si alguno quiere venir en pos de mí, niéguese a sí mismo, toma su propia cruz y sígueme" (Mateo 16:24). El no guió a sus seguidores hacia el trono;

los guió a una cruz. Él no los condujo a la riqueza sino a la abnegación. No lo hizo conducirlos a la fama sino a la indignidad. No a la victoria, sino a lo que parecía ser una derrota. Uno no puede experimentar la resurrección hasta que haya vivido una crucifixión, una crucifixión de su propia vida.

En Efesios 4:12,13 Pablo revela que la intención de Dios es el perfeccionamiento y el pleno equipamiento de los santos que pueda desarrollarse hasta que todos alcancemos la unidad en la fe y en la comprensión del pleno y exacto conocimiento del Hijo de Dios, para que podamos llegar a la edad adulta madura, la plenitud de la personalidad que no es nada menos que la de Cristo propia perfección. Esto implica progresión espiritual, un crecimiento hacia la madurez.

Una de las mayores alegrías de los padres es ver a sus hijos crecer. Nunca olvidaré el día en que nuestra primera hija, Vicky, hizo algo totalmente desinteresado. Tenía unos ocho años e iba al pueblo con su abuela, su madre le dio veinticinco centavos para gastar. Cuando volvió a casa había comprado varios regalos: un plato de pan para su madre, comprado en una venta de artículos usados por cinco centavos y un regalo para cada una de sus dos hermanas con los veinte centavos restantes. Cuando su madre le preguntó: "¿Qué compraste para ti?" ella respondió: "No necesitaba nada, estaban regalando globos y me dieron uno de ellos." Estábamos tan orgullosos de ella aquel día y sigue siendo una de las personas más desinteresadas que conozco.

Victoria sobre el miedo

En los primeros años de mi caminar y ministerio cristiano, he aprendido por experiencia personal cuán devastador es el egocentrismo y el egoísmo. Fue en mi primera iglesia como si la inexperiencia y la poca formación no fueran suficientes, estaba sufriendo de un miedo extremo.

Miedo a la muerte, el miedo a fallar, el miedo a la enfermedad dominaba mis pensamientos. Yo era un hipocondríaco con un caso extremo de claustrofobia.

Era casi imposible para mí visitar hospitales. El olor me enferma y a pesar de mis oraciones y las oraciones de los demás, las condiciones prevalecieron, recé por otros y fueron ayudados, pero nada parecía ayudarme a mí.

Este era el estado de las cosas, en la mañana Bud Tillman llamó a mi puerta. Ahí estaba, temblando por todas partes, al borde de un colapso nervioso total. Lo invité a entrar y le pedí que se sentara. Sus primeras palabras fueron: "Nueve de la gente de mi papá se ha suicidado y yo sé que eso también me va a pasar." Ahí estaba, muy susceptible.

¿Por Qué Orar?

Hacía mucho tiempo que necesitaba decirle esto a alguien y creo que sentí un poco de alivio, pero necesitaba algo más. Sin saber exactamente qué decir, dije: "Bud, vamos a orar." Sabía que no podíamos equivocarnos al orar.

No habían pasado más de cinco minutos cuando de repente sabía qué decir y cómo decirlo. Lo que iba a decir y el tono de voz en el que me dijeron que lo dijera eran totalmente contrario a mi temperamento, yo tengo el mismo temperamento de mi madre, nunca quiero lastimar a nadie y haré cualquier cosa para evitarlo. Pero lo que estaba escuchando de Dios iba a doler.

Dejé de orar, me volví hacia Bud y le dije: "Bud, eres la persona más egocéntrica que he conocido, eres tu diciéndome que podrías suicidarte, y si lo hicieras no te faltaría ni dos semanas. Eres es cristiano, pero tu no te preocupas por nadie más que por ti mismo. La gente está muriendo y yendo al infierno, pero ¿te importa? No, solo rezas por tus propios problemas."

Su cuello y cara se pusieron rojos. Ciertamente no esperaba escuchar a su pastor decirle estas palabras tan desagradables. A él ya no le preocupa suicidarse; él estaba pensando en matarme, había cambiado su miedo por ira.

Yo no sabía lo que estaba haciendo, pero Dios sí. Más tarde, Bud me dijo que, cuando se calmó, se dio cuenta de que yo había dicho la verdad, el cambio su forma de pensar, eventualmente se casó, tuvo una familia y sigue viviendo. Su testimonio fue: "Nunca tuve nada que me ayudara tanto en toda mi vida." Todo lo que había dicho era "Eres egoísta y egocéntrico". Su respuesta a esa revelación hizo la diferencia.

Bueno, Bud ni siquiera estaba fuera de la vista cuando Dios dijo estas palabras: "Eso es lo que te pasa a ti también".

Me quedé impactado, ¿A mí?, ¿egoísta y egocéntrico? yo pensé que era desinteresado. Me había negado de un lugar Seguro en la fábrica de mi padre para entrar en el ministerio—donde a veces no teníamos casi nada. Yo siempre he sido un dador, yo compartiría cualquier cosa y todo con otros.

Entonces escuché en mi espíritu: "Este miedo desmesurado es una manifestación de egoísmo y egocentrismo".

De repente supe que tenía la respuesta, en la raíz del miedo estaba el pecado. Todo lo que tenía que hacer era confesar el pecado del egoísmo, el auto centrarme y cambiar mi forma de pensar. Esto lo hice y comencé a caminar a la luz de esa revelación. Mis miedos se calmaron.

En poco tiempo estaba caminando en la plena paz de Dios. Ahora, después de muchos años de ministrar a los que tienen problemas afectivos y maritales, estoy convencido de que al mismo tiempo la raíz de la mayoría de esos problemas es el pecado del egoísmo.

Mucha gente sólo se encarga del fruto, no va a la raíz, de su depresión, celos, lujuria, codicia, orgullo o amargura. Cuando ves que la raíz del problema es el pecado, puedes experimentar una gran ayuda. Mata la raíz y eliminas la fruta. Recoge la fruta y regresará de nuevo.

Espero que no estés preguntando: "¿Qué tiene que ver todo esto con la oración?" ¿si usted es? Déjame explicarte: nunca serás realmente eficaz en la oración hasta que aprendas a lidiar con este pecado de egoísmo—que no es más que idolatría.

Capítulo Siete

¿Cómo podemos conocer la voluntad de Dios?

Otra pregunta que a menudo hacen los cristianos sinceros es: ¿Cómo puedo saber la voluntad de Dios? Algunos parecen casi paranoicos sobre la posibilidad de perder la voluntad de Dios. He oído a la gente decir: "Yo creo que Dios está tratando de decirme algo". Mi respuesta a esta declaración es: "Dios no está 'tratando' de hacer nada, si él quiere te dirá algo, Él lo hará". Nos inclinamos a pensar en Dios en términos humanos, como si fuera un hombre, sólo que más grande y más poderoso. No es así, "Como los cielos son más altos que la tierra, así mis caminos son más altos que vuestros caminos, y mis pensamientos más que vuestros pensamientos" (Is. 55:9).

Es importante conocer su voluntad, aunque no es absolutamente básico. Pero podemos orar con mayor eficacia cuando sabemos exactamente cuál es la voluntad de Dios en el asunto. Pablo amonestó a la iglesia en Efesios: "No seáis insensatos, sino entendidos de lo que la voluntad que es del Señor" (5:17). En I Juan 5:14,15 leemos: "Esta es la confianza que tenemos en él, que si pedimos alguna cosa conforme a su voluntad, él nos escucha y si sabemos que Él nos oye...sabemos que tenemos las peticiones que le hemos pedido." La frase aquí de clasificación es "según su voluntad".

La promesa es que nosotros recibiremos una respuesta a nuestra petición. Si conocemos su voluntad, podemos orar con mayor fe. Pero usted puede preguntar, "¿Cómo puedo estar seguro de que conozco su voluntad?

Revelación

Una forma en que podemos conocer la voluntad de Dios es por revelación directa. Es decir, Él puede hablarnos en 'rhema'(cualquier palabra dicha por Dios), a cualquiera de nosotros, maduro o inmaduro, educado o no educado. Pedro recibió tal trabajo. Mateo 16:13-17 registra que Jesús le pidió a sus discípulos: "¿Quién dicen los hombres que soy yo, el Hijo del hombre?" su respuesta fue: "Algunos dicen que Juan el Bautista, algunos Elías, otros Jeremías o uno de los profetas." Entonces Jesús preguntó: "Pero ¿Quién dices que soy? Inmediatamente Pedro respondió: "Tú sois el Cristo, el Hijo del Dios viviente." Creo que

¿Cómo podemos conocer la voluntad de Dios?

Pedro se sorprendió a sí mismo. No estaba seguro de cómo lo sabía, pero salieron esas palabras: "Tú eres el Cristo". Jesús respondió: "Bienaventurado eres... porque la carne y la sangre no han no os he revelado esto, sino mi Padre que está en los cielos". En efecto Jesús estaba diciendo: "Pedro, has recibido una revelación. Él vino de Dios y no se basó en la lógica o la razón." Pedro no podría haber explicado cómo sabía quién era Jesús, pero él lo hizo. Muchos de nosotros hemos tenido una experiencia así. Lo sabemos, pero no sabemos cómo lo sabemos. Por un testigo interior en nosotros sabemos y podemos decir: "Tú eres el Cristo".

Hay momentos en que Dios habla en tonos tan claros que creemos que nuestros oídos escucharon algo. Aunque nunca tengo en mi conocimiento, escuchar en vivo la voz de Dios, lo he oído hablarle a mi espíritu muchas veces, habla por dentro de mis impresiones muchas veces, habla a través de las circunstancias, Él habla a través de otros, Él habla a través de su palabra. Si él está hablándote, lo sabrás. Sus ovejas conocen su voz, no hay duda de ello.

He escuchado testimonios de personas que viviendo en pecado profundo escucharon la voz de Dios tan claramente que supieron quién era. Una ex atea me dijo una vez que mientras ella estaba lejos de Dios Él le habló y le dijo que Él la amaba tal como era. Ella estaba tan abrumada por su voz que le siguió desde aquel mismo día. Dios no guía a su pueblo hoy por una columna de fuego y una nube. Él nos ha dado su Espíritu para que viva dentro de nosotros y para guiarnos en los caminos que Él quiere que vayamos. No puedes ver nada ni oír nada, pero puedes saber que Dios ha hablado. En ti "conocedor", en lo más profundo de tu ser, tú intuitivamente sabes que Dios ha hablado y que percibes su voluntad en un asunto. Cuando esto suceda, tú puedes decir: yo no sé cómo lo sé, pero sí sé que Dios quiere que yo haga esto o no hacer aquello.

Hay un nivel de madurez espiritual donde conoces su voluntad porque has estado caminando tan de cerca en su presencia. Has oído su voz tantas veces que sabes qué hacer cuando llegue el momento, incluso si no escuchas cualquier cosa en este momento.

Un miembro de una iglesia que estaba pastoreando en Arkansas vino a mí un día y me dijo: "Pastor, estoy preparado para hacer un millón de dólares." Él acababa de recibir una suma de dinero bastante grande de una liquidación de seguros que luego invirtió en el mercado de productos básicos: panza de cerdo, según recuerdo. Él estaba emocionado porque había ganado treinta mil dólares en un par de días. Estaba seguro de que dentro de unos días sería millonario.

A los pocos días estaba de regreso en mi oficina, ya no entusiasmado. Estaba 'encerrado' en el mercado y no podía salir; le estaba costando mucho dinero. Por

¿Cómo podemos conocer la voluntad de Dios?

supuesto que quería una oración. Después de orar juntos, dije: "Creo que podrás salir el próximo viernes.

No escuché una voz, ni había tenido una visión. Yo solo sabía en mi "conocedor" que el viernes podría salir del mercado sin pérdidas. El martes, cuando hubo un poco de movimiento en el mercado, mi amigo logró salir, pero no, sin una gran pérdida. Más tarde supimos que si se hubiera esperado hasta el viernes, pudo haber salido del mercado sin pérdida.

Algunas personas podrían llamar a tal cosa una 'corazonada sagrada'; Yo lo llamo "saber en tu espíritu". En su libro 'El Hombre espiritual', Watchman Nee dice que una de las funciones del espíritu humano es "conocer las cosas intuitivamente", cuando el espíritu humano está vivo y lleno del Espíritu de Dios, funciona como forma en que fue diseñado para funcionar. Y cuando el espíritu humano está funcionando de la forma en que fue diseñado para funcionar, escuchara la voz de Dios y conocerá la voluntad del Padre.

Jesús tenía un espíritu que funcionaba correctamente—Él siempre conocía la voluntad del Padre. "Pero", escucho objetar a alguien, "Él era el Hijo de Dios—Él tenía información interna." Es cierto, El era el Hijo de Dios, pero nosotros que hemos nacido de arriba somos también, "hijos de Dios" (ver I Juan 3:2). Y tenemos un espíritu renacido que tiene el potencial de escuchar a Dios y conocer la voluntad de nuestro Padre: "Todos los que son guiados por el Espíritu de Dios, estos son los hijos de Dios" (Rom. 8:14).

Tenemos el mismo acceso al Padre que tuvo Jesús como un hombre. Jesús estaba viviendo como cualquier otro ser humano mientras Él estaba aquí en la tierra. Para conocer la voluntad de su Padre tuvo que pasar tiempo de calidad con Él. Lo mismo es cierto para nosotros.

Esto me lleva a la segunda forma en que llegamos a conocer su relación de voluntad. Para conocer verdaderamente la voluntad de Dios, necesitamos conocerlo. Cuando realmente lo conocemos, conocemos su voluntad.

Relación

Conocer a Dios es la búsqueda más alta en la que un ser humano puede estar involucrado. El apóstol Pablo había experimentado grandes dificultades en su búsqueda de conocer a Dios, sin embargo, en su carta a los filipenses todavía expresó esto como el deseo más profundo de su corazón: "Quien pueda conocerle a Él y el poder de su resurrección y la participación en sus padecimientos" (3:10). Pablo estaba diciendo: "Quiero conocerlo tan íntimamente y completamente como yo sé que Él puede ser conocido." Luego, en Colosenses 1:9, Pablo dice que ora diligentemente para que otros cristianos sean "llenos

¿Cómo podemos conocer la voluntad de Dios?

del conocimiento de su voluntad en toda sabiduría e inteligencia espiritual".

Mi deseo para ti es que puedas llegar a conocerlo, a conocerlo tan íntimamente como sé que Él puede ser conocido. Cuando lo conoces, conocerás su voluntad y cuando sepas de Él y su voluntad, alinearás tu voluntad con su voluntad y orad en la tierra lo que Dios quiere en el cielo.

¿Cómo llegamos a conocerlo? Exactamente cómo llegaríamos a conocer a alguien debemos pasar tiempo de calidad con Él, en oración. Si puede hacer eso durante un período de años, sabrá su naturaleza y su carácter. Y cuando conoces su naturaleza y su carácter, podrás mirar una situación dada y conocer la voluntad de Dios. Sabrás que nunca actúa contrario a su naturaleza o fuera de carácter.

Escucha a la gente hablar de las cosas de Dios y de ti discernirá muy rápidamente lo que saben de la naturaleza y carácter de Dios. Escúchalos leer la Biblia y tú puedes oír por el tono que le dan a la voz de Dios cómo bien lo conocen.

Desde hace muchos años, he leído la Biblia sin ningún otro propósito en mente que conocer a Dios tal como se revela en su palabra santa. Hace tiempo que dejé de intentar apuntalar mi doctrinas con versículos de las escrituras esparcidos aquí y allá. Hace mucho tiempo descubrí que puedes probar casi cualquier cosa con la palabra de Dios si eres lo suficientemente sutil. Mi entendimiento de Dios y mi conocimiento de Él han venido de pasar tiempo de calidad en su presencia, escuchando lo que Él dice. No vengo a su presencia para que Él esté de acuerdo conmigo. Llegó a estar de acuerdo con Él, siempre tiene razón y como yo medito en su palabra, empiezo a conocer su naturaleza y su carácter. su palabra me dice lo que ha hecho, lo que ya está hecho y cómo ha tratado con diferentes situaciones en la vida de su pueblo. A medida que aprendo, soy corregido y animado, transformado a su imagen. ¡Aleluya!

No estoy leyendo su palabra para saber cuándo Jesús va a regresar. Estoy descubriendo, a través de su verdad, que Él ya está aquí. Jesús no podría ser más real si no hubiera que manifestarse en la carne. ¿Cómo puedo decir tal cosa? Bueno, Pablo dice que no conocemos a Cristo según la carne. (ver 2 Cor. 5:16)—conocemos a nuestro Señor a través del Espíritu. Si él estuviera aquí en un cuerpo físico, estaría confinado a un lugar específico; Yo podría vivir al otro lado del mundo de Él y nunca verlo. Pero a través del Espíritu que mora en mí puedo tener una relación continua y viva con mi Señor. Él es real, tan real como la vida misma. Jesús dijo a sus discípulos: "Es para vosotros la ventaja, que me voy..." (Juan 16:7). Yo creo lo que Él ha dicho. Sí, creo que Él está regresando a esta tierra en un cuerpo —y esto se refiere al cuerpo en el que Él se fue, no a la iglesia. En hechos 1:11, justo después de la ascensión de nuestro Señor y el ángel les dijo a los discípulos: "Este mismo Jesús... vendrá así como lo viste ir al cielo."

Echemos un vistazo más de cerca a quién es Dios. Esto es lo que el apóstol Juan tiene que decir: "Amados, amémonos unos a otros, porque el amor es de Dios y todo el que ama es nacido de Dios y conoce a Dios. El que no ama no conoce a Dios, porque 'Dios es amor' (I Juan 4:7, 8, cursiva agregada). En Su verdadera esencia, el Dios inmutable es el amor.

Por eso es compasivo, misericordioso, paciente, perdonador—no queriendo que ni siquiera uno perezca. No ser misericordioso, ser despiadado sería lo contrario a su naturaleza. No es un esfuerzo para Él ser paciente porque Él es amor, Él es paciente, Dios no es paciente solo en los días que se siente bien. El no perdona porque está en un estado de ánimo indulgente, es su naturaleza. Él no puede ser amor y ser desagradable, la falta de perdón es contraria a su naturaleza, la conducta del hombre no puede cambiar la naturaleza de Dios. Él no cambia. Tenemos su propia palabra sobre el asunto. La palabra en español 'amor' se usa a menudo en el Nuevo Testamento en referencia a Dios: en griego el sustantivo es 'ágape'; el verbo es 'agape'. 'Ágape' es lo que Dios es; 'ágape' es lo que Él hace para mostrarnos quién es Él. A diferencia de nosotros, Dios ama a los desagradables. Él nos ama desde cuando éramos pecadores, cuando vivíamos en desobediencia voluntaria y rebelión: "Pero Dios muestra su propio amor para con nosotros, en que siendo aún pecadores, Cristo murió por nosotros" (Rom. 5:8). Su amor no se limita a unos pocos elegidos: "Porque Dios así amó al mundo que dio a su hijo unigénito, para que todo aquel que en él cree, no se pierda, sino que tenga vida eterna" (Juan 3:16). ¿Cuáles eran las 'buenas nuevas' del evangelio? se puede afirmar en pocas palabras: Dios es amor. Hasta que Jesús vino,el mundo tenía poca comprensión de cómo era realmente Dios. Dios reveló su carácter santo, pero sólo unos pocos sabían de su naturaleza amorosa. El Antiguo Testamento revela su carácter. El nuevo testamento revela su naturaleza, su naturaleza es amor; Su personaje es santo, esta distinción es muy importante.

En la Palabra, Dios es llamado el Santo o el Santo de Israel cuarenta y siete veces en Apocalipsis, uno de los siete ángeles declaró: "Tú eres justo, oh Señor" (16:5). Dios mismo dijo: "Yo, el Señor, tu Dios, soy santo" (Lev. 19:2). Estas palabras, 'santo' y 'justo', son adjetivos usados para describir un atributo de Dios. Este Dios que es amor en su verdadera esencia y la naturaleza es de carácter santo. Su carácter santo requiere a Él para hacer lo correcto. No lo que tú o yo pensamos que es correcto, sino lo que 'está' bien. Él siempre sabe y siempre hace lo correcto. Como Pablo, no lo conozco tan bien como quisiera conocerlo.

Es por eso que dedico tiempo diario para estar en su presencia, si otros parecen conocerlo mejor que tu, eso puede ser que estén pasando más tiempo con Él.

Jesús siempre supo la voluntad de su padre porque pasó tiempo a solas con Él en el lugar de oración. Por eso pudo decir: El Hijo no puede hacer nada por sí mismo, sino lo que ve que el Padre haga" (Juan 5:19); "No busco mi propia voluntad sino la voluntad del Padre que me envió" (Juan 5:30); "Las palabras que yo os hablo, no hablo por mi propia cuenta; pero el Padre que mora en mí hace las obras" (Juan 14:10). Jesús estaba totalmente sumiso al Padre; Él no tenía voluntad propia. ¿No es ahí donde queremos estar en nuestro caminar espiritual?

Jesús conocía la voluntad de Dios

Está claro que Jesús hizo la voluntad del Padre, pero ¿cómo podría estar siempre seguro de lo que su Padre quiso?

La respuesta se puede ver en el registro de su andar en tierra. Mark informa: "Habiéndose levantado mucho antes del amanecer, salió y se fue a un lugar solitario y ahí El oro' " (1:35). Mateo nos dice que después de que

Jesús salió de la multitud, "Subió solo a un monte a orar" (Mateo 14:23). Siempre iba o venía del lugar de oración. A veces pasaba toda la noche orando.

Jesús estaba tan en sintonía con su Padre que podía saber: Cuando curó a alguien, estoy haciendo exactamente lo que mi Padre me ha dicho que haga. Cuando levanto a alguien de la muerte, estoy haciendo exactamente lo que mi Padre me ha dicho que haga.

Cuando saco demonios, estoy haciendo exactamente lo que mi Padre me ha dicho que haga. Jesús ni siquiera intentó hacer nada a menos que su Padre le estaba diciendo que lo hiciera. A veces sanaba cada persona en un lugar. Otras veces sanó sólo a uno entre muchas multitudes. Detuvo algunas procesiones fúnebres en su vida y resucitó a la gente, pero no a todos. Él hizo exactamente lo que Su Padre le dijo que hiciera, ni más ni menos. Y recuerda, a sus discípulos les dijo: "Como el Padre me envió, yo también os envío" (Juan 20:21). Es evidente que con estas palabras, que estamos en el mundo no para hacer nuestra voluntad, sino la voluntad de aquel que nos envió.

Pasando el tiempo

Si estamos aquí en este mundo para hacer su voluntad, es mejor que conozcamos su voluntad. ¿Cómo vamos a saber su voluntad si no pasamos tiempo de calidad en su presencia? ¿Y cómo vamos a escuchar su voz, si somos

¿Cómo podemos conocer la voluntad de Dios?

nosotros los que hablamos? Debemos ser oyentes cuando venimos a su presencia.

Conocer la voluntad de Dios es simple pero no fácil, es simple porque no requiere nada más que pasar tiempo de calidad en la presencia de aquel cuya voluntad buscas saber, eso es todo. Pero eso no es fácil, debido a las demandas de la carne, la carne quiere' hacer' algo, entrar en acción. Para la carne, la oración es un esfuerzo pasivo. Pero la verdad del asunto es que nada de lo que hagamos tendrá ningún efecto real a menos que sea motivado por el Espíritu Santo. Para que el trabajo pase hacer una obra de Dios, debe ser concebido a través del Espíritu en el lugar de la oración. Debe realizarse en la energía del Espíritu.

Cualquier otra cosa, independientemente de cómo pueda parecer, es una obra de la carne, puede ser una buena obra, pero las buenas obras de la carné no son aceptables a Dios, que no ve las cosas como nosotros las vemos, esta es la razón por la cual las escrituras advierten que muchos de los primeros, aquí serán los últimos en la presencia de Dios. Él sabe qué obras son de él y cuáles son de la carne. Nosotros podemos llamar algunas obras buenas; Él puede llamarlas malas, podemos llamar algunas espirituales; Él puede llamarlas carnales. Recuerda, sus formas son más altas que las de nuestros.

Parece que los discípulos siguieron el ejemplo que el Señor les legó a ellos. En Hechos 1, dice que después de la ascensión del Señor, más o menos 120 de sus seguidores regresaron a Jerusalén y continuaron en oración.

En Hechos 2, nos dice, que mientras oraban, el Espíritu Santo fue derramado sobre ellos, manifestaciones milagrosas de su presencia fueron experimentadas por los discípulos. Estas manifestaciones eran tan inusuales que una multitud de personas, muchas de otras naciones, se reunieron para ver qué estaba pasando. Muchos extranjeros se asombraron cuando oyeron a estos galileos hablar en sus lenguas nativas, algunos pensaron que estaban borrachos de vino, pero como resultado de Pedro predicando a Jesús, tres mil almas arrepentidas y recibiendo el bautismo. Luego leemos en el versículo 42: "Ellos continuaron firmemente en la doctrina de los apóstoles y comunión, en la fracción del pan y en las oraciones".

De alguna manera esos nuevos conversos sabían que debían orar, y mientras oraban, el Señor siguió agregando a la iglesia diariamente a los que estaban siendo salvados.

En Hechos 3, vemos a Pedro y Juan yendo al templo en el tiempo de oración. De camino a la reunión de oración, un mendigo paralítico les pidió algo de dinero. Pedro dijo: "Yo no tengo dinero, pero tengo algo que necesitas más que ese dinero. En el nombre de Jesucristo de Nazaret, levántate y

¿Cómo podemos conocer la voluntad de Dios?

camina". El poder de Dios atravesó a ese pobre hombre y de repente estaba corriendo por el templo, andando, saltando y alabando a Dios (ver vv. 1:10).

Esta historia ilustra lo importante que es conocer la voluntad de Dios. Sólo podemos hacer las cosas que Él ha autorizado, es muy posible que Jesús mismo se hiciera pasar por este mendigo previamente. La Escritura dice que el hombre tenía más de cuarenta años y que se postraba cada día a la puerta del templo llamada la Hermosa en Jerusalén. Jesús entró en Jerusalén por esa puerta y no había atendido a este hombre. ¿Por qué? Jesús hizo sólo lo que su Padre le dijo que hiciera. Hubo momentos en que Jesús sanó a todos los presentes en un lugar; otras veces sanó sólo a unos pocos.

Durante algún tiempo, Pedro y Juan habían estado subiendo al templo para orar, día tras día, pero no habían atendido a este hombre. Pero en ese día, Pedro tenía la autoridad para hacer lo que Él hizo. Obviamente el Señor le había hablado. No hay razón para creer que Pedro tuvo mayor fe ese día que el día anterior, ni hay ninguna evidencia para sostener la opinión de que el mendigo tuvo mayor fe ese día. Pedro no tuvo un estallido de energía interna repentinamente que le hizo possible para atender con éxito a este pobre hombre, ¿que era diferente sobre ese día? Creo que Pedro entonces recibió la autoridad para sanar a este hombre. Pedro estaba tan en sintonía con Dios que sabía qué hacer.

¿Es posible tal relación ahora? ¡Sí! Es posible, pero no es fácil por la debilidad de la carne, sin embargo, si no creemos que tal relación es posible, nunca intentaremos entrar en él. James dice, "Acérquense a Dios y Él se acercará a ustedes" (4:8). Moisés lo expresó de otra manera: "Lo encontrarás si lo buscas". Él con todo tu corazón y con toda tu alma" (Deut. 4:29).

Se requiere diligencia. Todo corazón y el alma deben buscarlo. Y la búsqueda debe ser dirigida hacia su rostro y no a su mano. Muchos de nosotros estamos tan interesados en su mano y lo que esperamos recibir de él, pero nunca buscamos su rostro. Si quieres ver su mano, busca su rostro, si solo buscas su mano, no veréis ni su mano ni su rostro.

Pablo no buscaba nada de Dios; él simplemente quería conocerlo. Eso sería suficiente. Cualquier cosa que Dios haría por Pablo sería insignificante en comparación con conocerlo. Y Pablo sabía que conocerlo requiere más que darle a Dios unos minutos de su tiempo, cuando podía encajarlo en su apretada agenda. Conocer a Dios era una prioridad y si vamos a conocerlo, debemos estar preparados para darle la mejor hora de nuestro día.

¿Cómo podemos conocer la voluntad de Dios?

He leído que la madre de John Wesley pasó dos horas cada día en comunicación con el Señor, a pesar del hecho de que tenía quince hijos que cuidar, ella quería conocerlo y ella sabía que tomaría tiempo, tiempo de calidad, en su presencia.

Después de cincuenta años en la escuela de oración, creo que puedo hablar desde la sabiduría de la experiencia. Temprano por la mañana es el mejor tiempo para la oración. Jesús se levantó mucho antes del amanecer y se fue a la oración (ver Marcos 1:35). He encontrado que si no empiezo el día con oración, a menudo lo terminó como empezó. La mente está fresca por la mañana; el cuerpo se renueva y descansado en la primera hora es la mejor hora y he determinado dar lo mejor de mí a Dios. David dice en el Salmo 5:3: "Mi voz oirás por la mañana, oh Señor; por la mañana lo haré, dirigiré (mi oración) a Ti y miraré hacia arriba".

Alguien puede estar diciendo: "Simplemente no puedo levantarme en la mañana, soy una persona nocturna". Mi pregunta para ti es: "¿Eres un casa de oración? Si es así, no hay problema; continúa como tú eres. Ya sea que hayas establecido un tiempo en la mañana o por la noche, mantén tu horario con Dios.

En las primeros años de la iglesia, había horas fijas de oración. En Hechos 3:1 nos dice que una de esas horas eran las 3:00 p.m. algunos creen que los primeros cristianos siguieron los patrones de los Judíos en oración: rezaban a las 6:00 am, 3:00 pm y 21:00. De la evidencia presentada en el libro de los Hechos, rezaron en otras ocasiones también. si uno lee Hechos 3 cuidadosamente, uno puede ver que las primeras iglesias tenían un tiempo fijo y un lugar establecido para la oración diaria.

Estudie las vidas de los santos del Antiguo Testamento. Usted encontrará que pasaban mucho tiempo buscando a Dios. David dijo: "Como el ciervo brama por las corrientes de las aguas, así brama mi alma por ti, Oh Dios. Mi alma tiene sed de Dios, del Dios vivo" (Sal. 42:1,2. Isaías exclamó: "Con mi alma te he deseado en la noche; sí, por mi espíritu dentro de mí temprano te buscaré" (Isaías 26:9).

Cuando lo buscamos con esa clase de diligencia, lo conocemos —y conoceremos su voluntad. Cuando conocemos su voluntad, podemos orar inteligentemente sobre un asunto, cuando rezamos inteligentemente sobre un asunto, siempre habrá una respuesta.

Cuando entramos en esta dimensión, ya no rezamos y no hay esperanza; oramos y esperamos que llegue la respuesta, algunos pueden decir que no es posible entrar en este tipo de relación con Dios, que no podemos esperar conocer siempre la voluntad de Dios.

¿Cómo podemos conocer la voluntad de Dios?

Mi respuesta es que Jesús lo hizo, Jesús siempre supo la voluntad del Padre y si Él lo hizo, nosotros podemos.

Podemos 'pasar' el tiempo necesario para conocer a Dios. La pregunta es: ¿lo haremos? ¿Te tomarás el tiempo necesario para conocer a Dios?

Estos son tiempos que requieren extraordinarios oraciones—oraciones que provienen de aquellos que conocen a Dios; los que tienen una relación íntima con Él; aquellos que quieren la voluntad de Dios más que la propia; los que oraré sin cesar, sabiendo que Dios oirá y responderá.

Capítulo Ocho

¿Por qué Orar?

¿Por qué un Dios omnipotente y omnisciente necesita que oremos? No puede Él hacer lo que quiere hacer sin nosotros? Está ahí algo que a Dios le falte que podamos aportar, algo insuficiente que podemos suplir a través de nuestra oración? Hace varios años comencé a hacerme estas preguntas francamente, no podía encontrar respuestas. Leí la mayoría de los clásicos sobre la oración y encontré que decían casi las mismas cosas. Discutieron diferentes tipos de oración, incluido el cómo hacer la oración, pero ninguno parecía entrar en el por qué de la oración.

Mientras analizaba mis propias oraciones, vi que la mayor parte de lo que estaba llamando oración no era oración en absoluto, mientras me escuchaba y otros rezaban, me di cuenta de que a uno le daría la impresión que Dios no sabía mucho. La oración parecía ser una sesión informativa, donde le conté a Dios cosas que tal vez Él había pasado por alto. A veces la oración era una sesión de instrucciones, donde le diría a Dios cómo debe tratar con ciertos asuntos. Era como si Él no supiera exactamente qué hacer a menos que Él tuviera mis sugerencias o instrucciones. Otras veces me escuché orar como si Dios no estuviera tan preocupado sobre un asunto como debe ser. Era mi deber despertarlo de alguna manera a donde su preocupación sería igual a la mía.

Cómo estos patrones se hicieron evidentes, me di cuenta de que gran parte de mi oración, el tiempo era un ejercicio inútil.

Dios creó

Para entender el propósito de la oración, debes saber cómo Dios implementa su voluntad en este universo y para entender que debemos volver al principio.

"En el principio creó Dios los cielos y la tierra" (Gén. 1:1). Pablo nos dice: "Por Él (Jesús) todas las cosas fueron creadas las que están en los cielos y las que están en la tierra, visibles e invisibles, ya sean tronos, dominios, principados o potestades. Todas las cosas fueron creadas por Él y para Él. Y Él es antes de todas las cosas y en Él todas las cosas subsisten" (Col. 1:16,17). Cada parte de la creación fue creada en perfecto orden y equilibrio, sostenido y mantenido unido por Cristo. Dios no creó el pez antes de crear el agua. Primero se creó la hierba, luego el ganado.

¿Por qué Orar?

Dios edificó en su creación una asombrosa interdependencia. Todos los seres vivos dependen de otros seres vivos y toda la comunidad de seres vivos, tiene una dependencia corporativa del ambiente.

El universo que Dios creó fue diseñado para funcionar bajo un sistema de leyes: leyes naturales, físicas y espirituales.

Leyes que estudian estos asuntos nos dicen que multiplicó miles de millones de sistemas como nuestra propia Vía Láctea, cada una con sus miles de millones de estrellas orbitando alrededor del centro del universo. Y cada planeta gira alrededor de su sol y es mantenido en su lugar—por ley. Nuestro Dios lo creó todo y Él mismo opera dentro de las leyes que Él estableció. No cambia la duración de los días, él no toma decisiones sobre el clima. Esas cosas están determinadas por ley. Cuando el aire cálido y cargado de humedad se encuentra con un frente frío, se formarán nubes y caerán precipitaciones. Nada sobrenatural al respecto. Esa es la ley. Y Dios mismo no reemplaza esas leyes a menos que se pueda hacer legalmente.

Hasta el sexto día creado, todo iba muy bien. Pero en el sexto día, Dios creó un probable problema:

Entonces Dios dijo: "Hagamos al hombre a nuestra imagen, conforme a nuestra semejanza; déjenlos tener dominio sobre los peces del mar, sobre las aves del cielo y sobre el ganado, sobre toda la tierra y sobre todo animal que se arrastre sobre la tierra."

Así que Dios creó al hombre a su propia imagen; en su propia imagen Dios creó; varón y hembra, Él los creó a ellos.

Entonces Dios los bendijo y Dios les dijo: "Sed fructificad y multiplicaos; llenad la tierra y sojuzgadla; tened dominio sobre los peces del mar, sobre las aves del cielo y sobre todo ser viviente que se mueve sobre la tierra" (Gén. 1:26-28). Cuando Dios creó al hombre y a la mujer, los colocó sobre la tierra, les dio dominio sobre todo ser viviente o cosa. Aunque no encontramos en ninguna parte de la palabra que el hombre se le dio 'libre albedrío', creemos que fue por la forma en que Dios trató con él. Génesis 2:16 muestra que a Adán le fue dado el derecho de decidir sobre si obedecer o no la voluntad de Dios. No fue obligado a obedecer o desobedecer. La elección era suya, aunque se le dijo el precio de la desobediencia, Génesis 3:1-6 cuenta la historia de la decisión que se tomó, cómo Adán y Eva desobedecieron a Dios. La decisión de Adán no tomó a Dios con la guardia baja. El quién lo sabe todo, sabía lo que haría Adán, pero el pecado de Adán sí presentó un problema. ¿Cómo podría un Dios soberano, en un universo gobernado por la ley natural, implementar su voluntad en un mundo bajo el dominio de un rebelde a quien Él había dado un libre albedrío? Hay una pregunta con la que los teólogos han luchado durante siglos: ¿Cómo puede Dios ser verdaderamente soberano y el hombre verdaderamente libre?. La mayoría han adoptado la posición de que si la humanidad es libre, Dios no es soberano; aferrándose a la soberanía de Dios, ellos concluyen que la humanidad no es realmente libre. Es mi convicción que ambas son posibles: la humanidad es libre y Dios es soberano. De hecho, creo que fue precisamente por eso que Dios estableció la ley más alta del universo, una ley que garantiza su soberanía y el libre albedrío de la humanidad.

Leyes superiores

La ley de la gravedad es una ley alta, pero no la más alta. Me subí a un avión el otro día, aunque ese avión y su carga pesaba cientos de toneladas, rodó por la pista y subí a 35,000 pies y venía a gran velocidad hacia mi destino, a 550 millas por hora. El piloto suavemente fue reduciendo la velocidad, aterrizamos en la pista sanos y salvos, sin romper ni una sola vez la ley de la gravedad. Las leyes de la velocidad y la aerodinámica trabajaron juntas para 'superar' la atracción de la gravedad.

¿Qué tiene que ver esto con la oración?

La ley de la oración es la ley más elevada del universo: puede superar las otras leyes sancionando la intervención de Dios.

Cuando se implementa correctamente, la ley de la oración le permite a Dios ejercer su soberanía en un mundo bajo el dominio de un rebelde con libre albedrío, en un universo regido por la ley natural.

Hay algunos entre los rebeldes, que han elegido de su propio libre albedrío para obedecer a Dios. Ellos quieren que Su voluntad sea hecho más que los suyos. Así que oran: "Venga tu reino, hágase tu voluntad en la tierra como en el cielo".

Mientras rezan esta oración, establecen las condiciones bajo el cual Dios puede imponer legalmente su voluntad en una determinada situación.

El Faraón no quería soltar al pueblo de Israel, no era su voluntad hacerlo, sin embargo, era la voluntad de Dios.

Mientras el pueblo oraba, el Señor envió un libertador. Él intervino en oposición a la voluntad del Faraón. Mientras lees a través de las escrituras, tu vez este principio obrando una y otra vez.

El Libro de Josué registra la historia de los israelitas, tomando posesión de la tierra que Dios le había prometido a Abraham como herencia eterna. Durante una feroz batalla con los amorreos, necesitaban más luz del día para completar la derrota. Como Josué consultó con el Señor sobre el asunto, evidentemente se le dijo qué hacer.

Josué salió del lugar de oración y mandó al sol que se detuviera. Lo hizo, durante casi un tiempo completo, según Josué 10:13. Josué, a través de la oración, determinó la voluntad de Dios sobre el asunto; se le dijo lo que hacer; lo hizo y la batalla fue ganada, lo hizo lícito para Dios para reemplazar la ley natural y hacer lo que era necesario para extender la duración de un día. Sucedió porque un hombre sabia la voluntad de Dios y lo hizo.

¿Crees que necesitas más tiempo? No lo intentes. Josué no se le ocurrió una brillante idea y luego pedirle a Dios que la haga trabajar. Obtuvo su idea de Dios. Cuando Dios nos dice que hagamos algo, tendrá éxito, no de vez en cuando, pero cada vez, no pretendo dar a entender que no habrá problemas, la verdad es que puede haber muchos problemas.

Dios, nuestro líder

Moisés estaba en la voluntad de Dios cuando fue a liberar a Israel de la esclavitud egipcia, pero no fue una tarea fácil. A veces parecía como si toda la idea fuera un error, justo cuando parecía que finalmente habían sido liberados y estaban en camino a la tierra prometida, el Faraón cambió de opinión y condujo a su ejército en persecución. Detrás estaba el Faraón y su ejército; delante estaba el Mar Rojo. Parecía que no había salida, algo sobrenatural tendría que suceder y sucedió. Moisés era un orador, siempre hablaba con Dios, y Dios estaba siempre hablando con él. La situación era desesperada, ellos necesitaban un milagro, pero ni una sola vez Moisés le dijo a Dios lo que Él debería hacer. Moisés habló al pueblo, que ya estaba quejándose: "No tengas miedo, quédate quieto y mira la salvación del Señor, la cual Él realizará por vosotros hoy, porque los egipcios que ves hoy, no los volverás a ver nunca más" (Éxodo 14:13). Entonces el Señor le dijo a Moisés lo que hacer: "Aviva tu vara, y extiende tu mano sobre el mar y divídelo" (14:16). Eso hizo que las aguas se separaran permitiendo que toda la nación cruce en tierra firme. La oración de Moisés y la fe establecieron las condiciones bajo las cuales Dios podía hacer lo que Él quiso hacer. No está claro si Moisés sabía o no exactamente lo que Dios iba a hacer, pero sabía que Dios haría algo.

La oración de fe hace posible que Dios haga lo que Él quiere hacer. La oración generalmente no cambia la mente de Dios, aunque ha habido momentos en que Él ha cambiado su intención declarada (ver el próximo capítulo) más a menudo le permite hacer su voluntad.

Nuestro primer edificio en Church on the Rock estaba en sus últimas etapas de finalización. Al anunciar la inauguración de los servicios se habían hecho y la gente estaba muy emocionada, especialmente porque se mudaban sin deudas. Entonces los inspectores de edificios de la ciudad vinieron a hacer una revisión final antes de la expedición del permiso de ocupación. Todo estaba exactamente correcto en el edificio, pero dijo que la zanja que lleva nuestra línea de alcantarillado a la línea principal, se rellenó con grava del tamaño incorrecto. Un miércoles antes del servicio dominical de apertura, ordenó se cavará la zanja y se reemplazará la grava. La maquinaria fue traída de inmediato y el trabajo comenzó. Podría ser completado para el domingo, si el clima coopera.

Llegó el sábado y todo iba bien, parecía que el trabajo estaría terminado al caer la noche. El cielo hacia el suroeste se veía oscurecido y relámpagos fueron vistos, estaba lloviendo en el lago Ray Hubbard, sólo dos millas al oeste, bajando en sábanas. La lluvia se dirigía directo hacia Rockwall.

Cuando la lluvia estaba a menos de una milla de distancia, los trabajadores se dirigieron a la cubierta, pero el capataz, un miembro de la iglesia dijo: "No te detengas, hoy no va a llover en esta propiedad".

Bueno, llovió al oeste y al norte de donde se estaba trabajando, pero no ahí. ¿Por qué? "El pastor estaba orando", dijo el capataz. La oración había permitido a Dios imponer su voluntad legalmente en el asunto y mover las nubes.

El factor "que sí"

Usted puede preguntar, ¿Puedo cambiar el clima si rezo? Probablemente no, sin embargo, 'que si' es algo que traerá gloria a Dios y es parte de su plan, se hará mientras oramos. Usted debe entender el factor 'que sí', que siempre está ahí. Dios no puede responder a cada oración que oramos. No porque no tenga la habilidad, sino porque no es su voluntad. En ninguna parte Dios prometió responder cada oración que oramos, las cosas estarían en un verdadero desastre, si lo hiciera.

Hace muchos años, el equipo de fútbol de Arkansas venció a Nebraska en el Cotton Bowl. Después del juego uno, de mis diáconos dijeron: "Sabía que iban a ganar", "¿Cómo lo supiste?" Yo pregunté. "Recé por ellos". respondió rápidamente. "Pero." Dije, "¿no crees que había gente rezando para que gane Nebraska? "Sí", respondió, "pero yo recé primero".

Por supuesto que solo estaba bromeando, pero ilustra un punto. Si el el clima fuera controlado por las oraciones de la gente, habríamos tenido serios problemas, habiendo dicho eso, no me gustaría que lo hicieras.

Creer que Dios no puede cambiar el clima en respuesta a las oraciones de su pueblo. Puede que los escépticos no lo crean, pero yo estoy seguro de que ha sido en el pasado y será en el futuro.

¿Por qué Orar?

Mientras estaba en Florida, escuché la historia de un huracán que había, se dirigía a Miami, era uno grande y si golpeaba, ciertamente iba a haber mucho daño y posiblemente pérdidas de vidas. A medida que se acercaba a la costa, muchos cristianos se reunieron en oración para que se desviara su curso el huracán.

De repente se detuvo y permaneció en el mismo lugar durante horas como si estuviera cobrando impulso para un ataque. La gente siguió orando; era casi como si estuviera ocurriendo una batalla, entonces eventualmente los vientos se movieron, pero no hacia la costa sino al noreste sin causar ningún problema serio. ¿Hizo la oración cambiar las cosas? Estableció las condiciones bajo las cuales Dios podia alterar legalmente el curso de la tormenta.

Necesaria: Una Oración

Al captar este principio, entendí ciertas escrituras que anteriormente habían tenido poco sentido.

Tome Mateo 9:36-38, por ejemplo: "Pero cuando vio las multitudes, se compadeció de ellas, porque estaban cansados y dispersos como ovejas que no tienen pastor. Entonces dijo a sus discípulos: " La cosecha es abundante, pero los trabajadores son pocos. Orad al Señor de las cosechas para enviar trabajadores a sus cosechas."

Jesús vio las multitudes y se conmovió con compasión. Gracias a Dios, tenemos un salvador que tiene emociones, sintió algo cuando vio a las personas como ovejas que no tenían uno para guiarlos. Estaban perdidos, sin sentido de dirección. Cuando era adolescente, solía ir a cazar al bosque y sé cómo es pensar que estás en un lugar determinado y luego encontrar que estás perdido. Muchos están perdidos y ni siquiera lo saben.

Como resultado de su compasión por estas ovejas perdidas, Jesús les dijo a sus seguidores: "La cosecha en verdad es mucha, pero los trabajadores son pocos." Estoy seguro de que Él está diciendo las mismas palabras a sus seguidores hoy: hay más ovejas perdidas que nunca y en comparación con la magnitud de la cosecha, los trabajadores siguen siendo escasos.

Pero Jesús dijo a sus discípulos una extraña directiva: "Por tanto, orad para que el Señor de las cosechas os envíe trabajadores a sus cosechas". ¿Por qué nos dijo que oraramos?

Seguramente podemos hacerlo mejor que eso. Si hay escasez de trabajadores, ¿por qué no comenzar clases de evangelismo? o ¿por qué no llamar al mejor evangelista que podamos encontrar? Anunciar una cruzada evangelista. Llame a músicos talentosos a esparcir la palabra a lo largo y ancho. Entregar invitaciones. Toca cada puerta en la comunidad. Sólo tenemos que hacer algo al respecto, traer la cosecha.

¿Por qué Orar?

Pero ¿rezar? Eso es lo que Jesús le dijo a hacer. ¡Sí, oren! ¡Orar! ¡Orar! hemos hecho de todo excepto orar, aunque también hacemos un poco de eso: "Señor, ahora bendiga nuestros mejores esfuerzos, oremos en el nombre de Jesús. Amén."

Todas las cosas anteriores pueden estar bien, pero no son lo que Jesús nos mandó hacer. Quizás algunos estén diciendo; Yo sé lo que Jesús dijo que hiciéramos, pero no hace buen sentido. ¿Por qué necesitamos orar por algo que es tan obviamente su voluntad? es su cosecha, sus seguidores son sus trabajadores, si Él quiere que los envíe, ¿por qué no envía simplemente a ellos?

Estoy de acuerdo en que no tiene sentido, a menos que entender cómo Dios implementa su voluntad.

Hace doscientos años John Wesley dijo: "Dios no hace nada más que dar una respuesta a la oración." Wesley no dio ninguna mayor explicación de esa declaración y lo creí durante años antes de que lo entendiera: Dios debe esperar hasta que se lo pidas, pero antes Él puede hacer lo que quiere hacer, no porque sea impotente, sino por la forma que Él ha escogido para ejercer su voluntad.

Jesús estaba diciendo: "Quiero enviar trabajadores, pero vosotros debe rezar "Cuando ores, te enviaré". Ezequiel 36 contiene una revelación de este mismo principio.

El profeta, hablando en nombre de Dios, dice a la nación de Israel: "Os tomaré de entre las naciones, os recogeré de todos los países, y os llevaré a vuestra propia tierra. Lo haré entonces rociad sobre vosotros agua limpia y seréis limpios; lo haré os limpiará de todas vuestras inmundicias y de todos vuestros ídolos. Yo os daré un corazón nuevo y pondré un espíritu nuevo dentro de vosotros" (vv. 24-26). Después de volver a enfatizar esas palabras, Dios dice: "Yo, el Señor, lo he dicho y lo haré" (v.36). Eso es donde la mayoría de nosotros dejamos de leer, pero miramos el siguiente versículo; "Yo también pidanme la casa de Israel que haga esto por ellos. Estas cosas hará Dios, pero no hasta que se le pida.

El mismo principio se encuentra en Santiago: "No tenéis porque no preguntas" (4:2). Debemos orar; es la única forma en que Dios puede intervenir legalmente.

Lo que he tratado de mostrar en esta enseñanza es que Dios está operando por ley divina y principio establecido; Él ejerce su voluntad bajo reglas estrictas. Ha optado por participar nosotros en ese proceso. Y para mí, eso es emocionante. No somos peones en un gran tablero de ajedrez de la vida para ser movidos por fuerzas sobre las que no tenemos control, estamos involucrados estamos trabajando junto con Dios en la implementación de su santa voluntad. Consigue estas verdades en tu espíritu y en tu actitud, la vida cambiará. Tú puedes hacer la diferencia; puedes establecer las condiciones bajo las cuales las cosas pueden ser cambiadas.

Capítulo Nueve

Nuestra respuesta a Dios

Los profetas siempre han sido personas controvertidas: hombres y mujeres enviadas por Dios para hablar su palabra a una generación. ¿Cómo debemos los cristianos responder a los mensajes proféticos de gente santa? ¿Cómo debemos responder cuando escuchamos su voz?

Dios hablo y nada paso

Estaba pastoreando una iglesia en crecimiento en Arkansas como me encantó esa iglesia, la iglesia más fácil en la que he servido. Allá éramos sólo setenta y cinco miembros cuando me llamaron. Aunque yo era pastor de una iglesia más grande en ese momento, me sentí seguro que el Señor quería que yo aceptara su llamado. Prediqué durante casi cinco meses sin ver una persona salvada. Luego, en un domingo de Super Bowl, el Señor salvó a dos personas, un niño y un joven conocido empresario.

Desde ese día vimos a la gente dedicar su vida a Jesús, semana tras semana, el edificio estaba abarrotado incluso con dos servicios de domingo por la mañana.

Durante esos días escuché a Dios hablarme y decir: "Yo voy a levantar aquí una iglesia de mil miembros." Estaba seguro de que Dios había hablado, así que fui a la gente con esa palabra.

Respondieron positivamente y pronto estábamos construyendo un edificio más grande. todos anticiparon la terminación de ese santuario y cuando el trabajo fue terminado, nos mudamos a las nuevas instalaciones éramos un congregación de cuatrocientos en un edificio con capacidad para 750 con el rebosadero abierto y de repente las cosas parecían diferente. El calor que la gente había sentido en el pequeño santuario no había estado ahí. Nadie se había salvado en el nuevo edificio. No se habían celebrado bodas o funerales, nada bueno o malo había pasado en ese lugar. Ninguno de nosotros entendía estos sentimientos y de repente sentí la presión de hacer crecer la iglesia, hacer que las cosas sucedieran.

Por primera vez asistí a una conferencia sobre el crecimiento de la iglesia. Él parecía como si debiéramos entrar en el ministerio de autobuses. Iglesias con los autobuses estaban creciendo, pero no la mía. Cuanto más intento aumentar la asistencia, mayor es mi frustración.

Nada parecía funcionar. La gente se quejó, los diáconos estaban molestos conmigo pero traté de no demostrarlo. Después de casi tres años en el nuevo edificio, todavía éramos una congregación de cuatro centenar. Cuestionamos la palabra que supuestamente había recibido de Dios. Finalmente me fui y también lo hizo la mayoría de la gente.

La pregunta que me preocupó durante mucho tiempo fue: ¿Habría oído una palabra de Dios? Yo estaba seguro en ese momento y yo convencí a la gente, pero no sucedió como me lo habían dicho.

Una situación similar ocurrió cuando estaba sirviendo a la Church on the Rock en Rockwall, Texas, como pastor de oración.

Las condiciones en la Iglesia sobre la Roca eran algo así como los que había experimentado en Arkansas, la iglesia estaba creciendo a un ritmo sin precedentes. En definitiva cinco servicios se llevaron a cabo el domingo para acomodar a la multitud. El pastor Larry Lea y los ancianos decidieron construir; los planes fueron hechos y comenzó la construcción.

La gente estaba emocionada y estaban donando con sacrificios. El pastor Lea creía que Dios le había hablado: La iglesia se construía tan rápido como llega el dinero. A su vez, la pastora Lea dijo a la congregación: "Vamos a edificar con la bota y no por el banco." La 'bota' se la había dado un vaquero durante el primer programa de construcción, el vaquero ha estado poniendo los diezmos de sus ganancias como jinete de toros de rodeo en el maletero y la gente estaba tan inspirada por su regalo que comenzaron a invertir su dinero para el edificio. Se convirtió en una especie de plato de ofrendas. El primer edificio fue construido a partir de dinero que pasó por esa vieja bota.

Sin embargo, a medida que avanzaba la construcción del nuevo santuario, la necesidad de fondos era mayor que la entrada contribuciones. Se hicieron fuertes llamadas a la gente. Aunque las ofrendas eran buenas, todavía se quedaron cortas. El acero estaba a punto de ser entregado en el sitio y el pago fue más de un millón de dólares.

Había que tomar una decisión, ¿Dios ha hablado? Si lo hubiera hecho, ¿por qué esta escasez de fondos?

Finalmente se tomó la decisión de pedir prestado y se procedió a la construcción. Pero muchos expresaron confusión sobre lo que había pasado. Estas dos experiencias similares impulsaron mi búsqueda de algunas respuestas. Sabía que Larry Lea podía oír la voz de Dios.

Estaba seguro de haber escuchado a Dios hablarme, pero ninguna cosa había sucedido. ¿Por qué? En ese momento Dios me mostró que las cosas sí no suceden simplemente porque Dios las dice. Las cosas pasan porque el pueblo responde apropiadamente a lo que Dios habla.

Permítanme ilustrar mi punto, Jonás fue enviado por Dios a Níniveh con una palabra profética. "Todavía cuarenta días y Níniveh será derribado!" (Jon. 3:4). El mensaje no ofreció ninguna salida. Cuarenta días y todo habrá terminado. Jonás no quería ir a Níniveh a pesar de la palabra directa de Dios, "Ve a Níniveh", Jonás tomó un barco a Tarsis. Jonás no quería advertir a los ninivitas porque conocía la naturaleza amorosa de Dios. Estaba seguro de que Dios no los destruiría si se arrepintieran y quería que aquellos enemigos de Israel fueran destruidos. Con gran desgana, Jonás fue a Níniveh (después de un desvío por el vientre de una ballena). Entró en la ciudad y dio el mensaje.

Tal como esperaba, se arrepintieron. Lo más grande de lo menos que ellos creyeron fue el mensaje del profeta. Incluso el rey se quitó sus vestiduras reales, se vistió de cilicio y se sentó en el montón de cenizas. Los ninivitas dijeron: "¿Quién sabe si Dios se volverá, arrepentíos y apartaos del ardor de su ira, para que no perezca?" (3:9). No tenían seguridad de que arrepentirse ayudaría, pero decidieron intentarlo. Cambiaron su actitud hacia Dios y Él cambió de opinión (declarando sus intenciones) No hubo cambio en su naturaleza o su carácter: simplemente cambió sus planes para Níniveh.

Por supuesto que Jonah estaba molesto, parecía un falso profeta. Su profecía no se cumplió. Alguien lo ha hecho señalando que la profecía de destrucción de Jonás se cumplió más tarde, pero no en esa generación. No somos responsables de la generación pasada ni de la del futuro, sólo del presente.

Antes de seguir discutiendo esto, quiero establecer que Dios hace dos tipos de promesas. La Biblia registra algunos convenios que son incondicionales e irrevocables.

Pactos incondicionales

Considere Malaquías 3:6, donde Dios habló y dijo: "Porque yo soy el Señor, yo no cambio; por eso no eres consumido, oh hijos de Jacob." Note cuidadosamente lo que Dios está diciendo: "Porque yo soy Dios y porque yo no cambio, ustedes hijos de Jacob no son consumidos."

¿Por qué Dios le decía esto a Israel? Porque el hizo un pacto incondicional con Abraham (y la renovó con Isaac y Jacob) que Israel sería bienaventurados y que serían una bendición para todos los pueblos en la tierra. La promesa de Dios a Abraham fue: "Yo estableceré mi pacto entre mí y vosotros y vuestros descendientes después de ti y sus generaciones, por una pacto eterno, para ser Dios tuyo y de tu descendencia después de ti" (Génesis 17:7).

Pero habían pasado cientos de años, los descendientes de Abraham no eran como Abraham. Fueron voluntariosos, rebeldes y desobedientes. A estos rebeldes Dios les dijo,. "Porque como yo no cambio, están a salvo. Si yo cambiara, serían consumados. Tus pecados merecen juicio, pero hice una promesa a Abraham y no puedo cambiar. Si yo fuera un Dios, voluble e inconsistente y cambiante como tú, fueras consumido, pero yo soy Dios. Mi naturaleza (amor) y mi carácter (santidad) nunca cambian. Por lo tanto, tienes esperanza."

Dios también había hecho un compromiso incondicional e irrevocable, pacto con Noé y su descendencia: "Nunca más volveré a maldecir la tierra por causa del hombre, aunque la imaginación del corazón de hombre es malo desde su juventud; no volveré a destruir todo ser viviente" (Gén. 8:21). Entonces Dios dijo: "Este es la señal del pacto que hago entre mí, vosotros y todo ser viviente que está con vosotros, para perpetua generaciones: Pondré mi arco iris en la nube y será una señal del pacto entre mí y la tierra... miraré sobre él (el arco iris) para recordar el pacto eterno entre Dios y todo ser viviente, de toda carne que está sobre la tierra" (Génesis 9:12, 13, 16). Nada alterará este pacto porque Dios no cambia, podemos depender de ello. Su naturaleza y su carácter son siempre los mismos. Este pacto es irrevocable, porque es incondicional.

Pactos condicionales

Hay otros pactos que son condicionales y por lo tanto revocables. Los pactos condicionales están en vigor mientras se cumplen las condiciones. Si no cumplimos con las condiciones, Dios tiene la opción de cancelar el pacto. Sin embargo, su misma naturaleza a menudo hace que Él extienda un pacto incluso después de que no se han cumplido las condiciones establecidas en el pacto. Un ejemplo de este rey del pacto se encuentra en Éxodo 15:26: Aquí el Señor dice: "Si atendiereis atentamente la voz del Señor tu Dios y haz lo recto delante de sus ojos, presta oído a sus mandamientos y guardaré todos sus estatutos, no pondré nada de las enfermedades que envié sobre vosotros a los egipcios.

Porque yo soy el Señor que te sana." Aunque Israel no siempre cumple las condiciones de este pacto, Dios fue longanimidad para con ellos. Envío juicio sólo cuando no había alternativa.

Muchos de los pactos de promesa de Dios son condicionales.

Por lo general, comienzan con "Si tú...". El pacto 'si' entonces es visto tanto en el Antiguo Testamento como en el Nuevo Testamento. Dios dice: "Si quieres, lo haré entonces, si no lo haces, lo tomaré en cuenta".

El poder de la oración

Mientras buscaba en la palabra, respuestas a mis preguntas de por qué una palabra profética no siempre se cumple, leí una de las profecías de Ezequiel contra la nación de Israel: La conspiración de los profetas en medio de ella (de Israel) es como león rugiente que desgarra la presa; han devorado la gente; han tomado tesoros y cosas preciosas; ellos han hecho muchas viudas en medio de ella, sus sacerdotes han violado mi ley… sus príncipes en medio de ella son como lobos desgarrando la presa… sus profetas… (dicen), "Así dice el Señor Dios", cuando el Señor no había hablado. La gente de la tierra ha aplicado opresiones, cometido robos y maltratado a los pobres y necesitados…" (Ezequiel 22:24-29).

Qué acusación tan amplia. Los sacerdotes, los príncipes, los profetas y el pueblo eran todos corruptos y culpables ante Dios. Las condiciones se habían deteriorado hasta el punto en que algo había que hacer. Dios es el juez de toda la tierra, dio la ley y debes sostenerla. La pena exigida por la ley debe ser llevada a cabo. Dios se enfrenta a un dilema. Él es amor y Él quiere extender misericordia. Pero Él es santo y la ley exige juicio. ¿Cómo se puede extender la misericordia? ¿Cómo puede Dios retrasar el juicio? El versículo 30 contiene la respuesta: "Busqué un hombre entre ellos que haría un muro (seto) y ponte en la brecha delante de mí, en nombre de la tierra, que Yo no debe destruirlo; pero no encontré a nadie. Eso es todo. Sí hay, se podría encontrar incluso una persona que intercediera por estos rebeldes, Dios podría extender misericordia aun cuando se pedía juicio. La oración podría proporcionar un camino para Dios para extender su misericordia.

Una vez más, fue obvio para mí que a través de la oración Dios podría cambiar las cosas. Qué triste que en el caso de Israel, Él no encontró a nadie que orara. "Por lo tanto", dice el acta, "He derramado mi ira sobre ellos; yo he consumido con el fuego de mi ira" (v.31). Cualquiera puede ver eso, esto no es lo que Dios quería hacer, no tenía alternativa. No había otra manera.

Con esta verdad busqué un poco más profundo. ¿Dios realmente cambiará su plan? ¿Cambiará de opinión? Es el resultado de un asunto determinado por lo que Dios dice o por ¿Cómo 'respondemos' a lo que Él dice? No pasó mucho tiempo antes de que yo viera que esto último era el caso. Las cosas no pasan, en conjunto, porque Dios lo dice. Más bien pasan cosas porque respondemos de manera apropiada a lo que Él dice.

En una ocasión Dios le habló a Jeremías y le dijo: "No orad por este pueblo o levantad clamor y oración por ellos; yo no los oiré en el tiempo que clamen a mí a causa de su angustia" (Jeremías 11:14). Un poco más tarde Dios habló de nuevo: "No recéis por este pueblo, por su bien.

Cuando ayunen, no oiré su clamor y cuando te ofrecen holocausto y ofrenda de cereal, no los aceptaré"(14:11,12). Si estas palabras no fueran suficientes para dejar claro que Él no escucharía las oraciones de Israel ni aceptaría adoraciones, volvió a hablar y dijo: "Aunque Moisés y Samuel estaban delante de mí, mi mente no podía ser favorable a este pueblo. Échalos de mi vista" (15:1). Sin embargo, a pesar de todas estas palabras del Señor diciéndole a Jeremías que dejara de orar, oró aún más.

Cuando Dios dice que no oren, no es el momento de detenerse, el lo hará no desatiendas el clamor del intercesor. Jeremías conocía la naturaleza inmutable y el carácter de Dios. Sabiendo que Dios podía cambiar de opinión sobre el asunto, se mantuvo Orando.

Jeremías 18 tiene la clave para entender cómo Dios obra. Lea atentamente los versículos 7 y 8: En el instante en que hablar de una nación y de un reino, a arrancar, derribar y destruir, aquella nación contra quien he hablado se vuelve de su maldad, me arrepentiré del mal que pensaba traer sobre ella." Tu escuchas ¿Qué está diciendo Dios? Él está diciendo: "Si la gente responde correctamente, cambiaré de opinión. Si se arrepienten, me arrepentiré y cederé. Todo depende de la gente. No importa lo que yo haya dicho; Cambiaré de opinión, aunque no de naturaleza o personaje."

¿Por Qué Orar?

Ahora veamos los siguientes dos versículos: "Y en el instante en que hablar de una nación y de un reino, para edificar y plantar, si hace mal a mis ojos pero que no obedezca mi voz, entonces me arrepentiré del bien que dije aprovecharía" (vv. 9,10).

Ahí estaba mi respuesta. Empecé a entender por qué las cosas no siempre suceden como Dios dice que sucederán. Si Él dice: "Edificaré aquí una iglesia de una o mil personas, "sucederá sólo si nos ponemos en estar de acuerdo con la palabra y orar hasta que suceda. Si nosotros permitieramos la crítica, la incredulidad, la duda y la falta de oración tomen control, lo que Dios dijo que sucedería, no sucederá.

Cuando Dios dice que el juicio caerá sobre la tierra, me arrepiento de los pecados de la nación y clamar a Dios por misericordia. Si los profetas dicen: "Viene un avivamiento", no espero a que llegue, suceda, si lo hago, no sucederá. La oración de fe y el arrepentimiento son la respuesta apropiada a las profecías palabra.

Daniel 9:2 registró: "Yo, Daniel, entendido por los libros (profecías) el número de años especificado por la palabra del Señor, dado por medio del profeta Jeremías, Él cumplió setenta años en las desolaciones de Jerusalén." Daniel sabía que había llegado el momento del regreso de Israel del cautiverio, lo había leído en la profecía de

Jeremías. ¿Qué haría él? Podría haberles dicho a los cautivos que sus días de vergüenza se han terminado, podría haber dicho: "La liberación está en camino".

Pero eso no es lo que hizo. "Volví mi rostro hacia el Señor Dios para pedir con oración y súplicas, con ayuno, cilicio y ceniza" (v. 3). Los siguientes versículos de Daniel 9 son el registro de su oración de arrepentimiento por la nación de Israel. Confesó y se arrepintió de los pecados de la nación como aunque eran sus propios pecados personales. Daniel respondió correctamente a la profecía de Jeremías.

No importa lo que Dios haya dicho, si la promesa de bendición o advertencia de juicio. Si oramos, Él sanará nuestra tierra. Si no lo hacemos, Él no lo hará, aunque haya dicho que lo haría.

Alguien puede estar preguntando, ¿Qué hará tal enseñanza para la palabra de Dios? Estoy más preocupado por lo que le hace a la propia imagen de Dios. No estamos sirviendo a una imagen fundida.

Nuestro Dios no es una piedra es un ser vivo que puede ser tocado con nuestras oraciones sinceras. Él no cambiará su naturaleza o su carácter, ni quebrantará su incondicional pacto. Pero cuando se trata de retener el juicio o cambiar su plan de derramar su ira, nada podría agradarle más.

¿Por Qué Orar?

El juicio nunca es el plan A de Dios; él es siempre el plan B. Si llega el juicio, vendrá porque no había nadie que hiciera el seto y se pusiera de pie en la brecha delante del Señor por la tierra.

Mi querido lector, debemos orar; orar como nunca lo hemos hecho rezado La salvación de millones depende de nuestra generación, intervención divina, que no puede suceder a menos que oremos.

CAPÍTULO DIEZ

Revivir --- La respuesta de Dios a la Oración

Hace algún tiempo J. Sidlow Baxter habló en la Universidad Iglesia Bautista en Fayetteville, Arkansas. Este gran inglés predicador dijo: "He pastoreado sólo tres iglesias en mi años de ministerio, tuvimos un avivamiento en cada uno. Él continuó diciendo con esa hermosa articulación y resonante voz: "Y ninguno de ellos vino como resultado de mi predicación. Surgieron como resultado de un pequeño número de miembros entrando en un pacto de orar hasta vino el avivamiento. Y vino, cada vez".

En 1977 fui llamado a pastorear la Primera Asamblea de Dios Iglesia en Kilgore, Texas. Era una iglesia vieja tratando de romper con el tradicionalismo. Prediqué sobre el tema de la oración y animó a la gente a orar por un avivamiento. En febrero de 1978 un joven feligrés vino

¿Por Qué Orar?

a mi oficina y en el transcurso de la conversación preguntó: "Pastor, ¿conoce a Larry Lea?"

Había oído hablar de él pero no lo conocía, entonces me dijo que Larry era el pastor de jóvenes en Beverly Hills Baptist Iglesia en Dallas. Había oído hablar de esa iglesia, casi todos también lo habían hecho en aquellos días.

Era una de las iglesias más grandes y carismáticas de la nación. Su crecimiento, bajo la el difunto Howard Conatser, había sido fenomenal. Larry, a mi me dijeron, que gran parte era responsable de lo que había sucedido ahí.

Este joven entonces dijo: "Pastor, creo que debería orar para que Larry venga a una reunión de jóvenes aquí". Seguí el consejo de mi hermano, oré al respecto y luego me sentí libre de llamar a Larry. Cuando lo hice, me dio una respuesta correcta. Sí, vendría en julio para el rally juvenil; si las cosas salen bien, seguiríamos el mitin con un avivamiento de varios días de reunión.

No me encontré con Larry cara a cara sino hasta dos o tres meses más. Cuando vino a visitar a sus padres que vivían en Kilgore, mientras nos sentábamos y hablábamos, nuestros corazones se unieron.

Su pastor, Howard Conatser, se estaba muriendo de cáncer; Larry necesitaba hablar y así lo hicimos. Semanas más tarde, después de que Howard fue a estar con el Señor, Larry me llamó y dijo: "Mientras me estaba afeitando esta mañana dios me habló y me dijo que tu ibas a ser mi pastor, debo poner mi ministerio bajo tu autoridad." Nunca olvidaré la increíble sensación que vino sobre mí ese día. Sentí como si el grandioso se inclinara y quedará bajo la autoridad del menor. Dios me mostró que Larry tendría un gran ministerio que afectaría toda esta gran nación.

Larry y yo decidimos que no tendríamos el mitin en julio; más bien anunciamos que comenzaría el diez de Septiembre y continuaría mientras nos sintiéramos guiados. Noventa días antes de la reunión, toda la iglesia concentró su oración hacía el avivamiento. Entonces, veintiun días antes de que comenzaran los servicios, oramos veinticuatro cuatro horas al día. Gaylon Haygood y Joel Pepper, estudiantes de último año de la escuela, tomaron las horas entre una y tres de la mañana—estaban serios y querían lo más difícil cambio. Todos tenían grandes expectativas; trabajo de campo adecuado había sido puesto; habíamos 'orado su precio'.

Nadie se sorprendió cuando varios jóvenes se salvaron la primera noche. Entre ellos estaba el líder jugador de fútbol del equipo de la escuela secundaria local.

A través de la oración y los esfuerzos de Joel y Gaylon, toda la clase del último año se salvó. Todo el equipo de fútbol de su escuela llegó a conocer a Jesús. En total, más de

¿Por Qué Orar?

cuatrocientos se salvaron durante las siguientes siete semanas. Durante años me había estado levantando temprano en la mañana para orar. Larry me dijo que siempre querría hacer esto, pero no tenía la disciplina. Durante esas reuniones, pasé por su casa a las 4:45 am y juntos nos dirigimos al lugar de oración. Fue ahí, dice Larry, que Dios le dio muchas de las revelaciones lo que lo llevó a cambiar su vida enseñando sobre la oración. Él vió, de primera mano, que el avivamiento y la oración están inseparablemente vinculados. No se puede tener uno sin el otro.

Muy poco después de ese avivamiento, estaba sentado en mi estudio un sábado por la mañana cuando Dios me habló y me instruyó a llamar a la nación a la oración, una tarea que en ese momento parecía completamente imposible. ¿Quién era yo? Nadie sabía mi nombre. Yo explique todo esto al Señor y ofreci algunas sugerencias acerca de quién podría llegar a llevar a cabo tan gran misión. Yo recuerdo haber dicho: "Deberías llamar a Oral Roberts, Rex Humbard, Kenneth Copeland o alguien así. Todos saben quiénes son. Sin embargo, después de protestar, me dispuse a cumplir la misión que Él había puesto en mi corazón: "Aliste, instruir, animar e inspirar a las personas a orar y darles instrucciones diarias en la oración."

Compartí este asunto con mi amigo Larry, quien me mostró poco entusiasmado. Pero en obediencia a la llamada, yo renuncié a la iglesia, comenzó un ministerio radial llamado " Llamado a la Oración nacional" y realizó seminarios sobre la dinámica de oración. Larry continuó realizando cruzadas evangelísticas en las que Dios estaba moviendo.

Apenas un año después, una iglesia en problemas a la que antes había pastoreado me llamó, creyendo que podría arreglar las cosas afuera. Consintió en intentarlo e hice lo que pude, pero no con resultados positivos. Cuando había estado ahí sólo dos o tres semanas, Larry llamó y dijo: "Dios me ha dicho que vaya a Rockwall, Texas y establezca ahí a su pueblo".

Con algo de disgusto, debo decir, que lo desanimé. De corazón Larry es un evangelista, no podía verlo pastoreando en una iglesia. Pero, después de la oración, supe que Dios había hablado y así consentido en poner mis manos sobre Larry y darle mi bendición. Fue la víspera de Año Nuevo de 1980. Church on the Rock de Rockwall, Texas, comenzó dos semanas después y desde entonces la oración inicial fue el tema central.

Larry y su personal se reunían mañana tras mañana para orar por la iglesia, pidiendo la dirección del Señor. Tres años más tarde, me uní al personal como pastor de oración y consejería. Mi visión de llamar a la nación a la oración parecía ver muerto. Yo había fallado. Lo había intentado, intentado con todo mi corazón, pero no había resultado.

A medida que la Iglesia sobre la Roca crecía fenomenalmente, pastores de todo el país comenzaron a preguntar: "¿Qué está pasando en Rockwall, Texas? La respuesta de Larry en esos días siempre fue lo mismo. Usando las palabras de Paul Yonggi Cho, pastor de la la iglesia más grande del mundo, decía: "Oramos y obedecemos". Y eso fue lo que hicimos.

En el invierno de 1984, cuando llamaron a Larry para dirigir una clínica de oración en St. Louis, Missouri, los resultados fueron más de lo que nadie podría esperar. De esa reunión surgió la del manual de Larry. '¿No podrías demorarte una hora?', que ha sido distribuido por todo el mundo.

En esa reunión, Larry vio que sí podía alistarse, instruir, animar e inspirar a la gente a orar. La visión renació, esta vez en el joven que había discipulado en oración. Él haría el trabajo. Gente en Rockwall, Texas, que se construyó sobre nada más que la oración, abriendo puertas por todas partes para este ministerio de enseñanza sobre la oración.

Tanto Larry como yo comenzamos a recibir invitaciones para realizar seminarios de oración por todo el país y en otras naciones.

El llamado de Dios se ha vuelto más específico. Él nos pide que nosotros reclutemos, instruyamos, animemos e inspiremos a trescientos mil oradores justos, eso es la décima parte de uno por ciento de la población de los Estados Unidos, en ese momento, - el mismo porcentaje de la población que Dios dijo podría haber salvado a la ciudad de Sodoma. Ese ejército de oradores se había movilizado, orando diariamente por esta nación.

Mientras Larry y yo hemos estado reclutando y entrenando gente a orar, otros han estado haciendo lo mismo. Algunos han estado en esto más tiempo que nosotros. Dios ha puesto esta visión en el corazón de muchos. Algún tiempo después escuché a Oral Roberts decir: "Tenemos que conseguir estos trescientos mil oradores de pie." Kenneth Copeland también gastaba mucho del tiempo enseñando sobre la oración. En febrero de 1988 había cincuenta mil o más que habían respondido a la llamada para unirse al ejército de oradores.

Nosotros teníamos un número sustancial de personas comprometidas a orar, pero ¿cómo los íbamos a dirigir? Esta pregunta fue preocupante no solo para mí, sino también para los líderes de otras oraciones ministerios también. La televisión y la radio eran demasiado caras. y no muy eficaz. El correo era lento y también caro.

Las telecomunicaciones funcionan pero también tienen un costo prohibitivo. El Señor tenía la respuesta. Temprano en la mañana del 7 de febrero de 1988, el Señor me mostró una forma efectiva, pero económica, de llegar a los oradores de América e incluso de todo el mundo; por teléfono y radio de onda corta. "Pero Señor," dije, "sólo un un pequeño número de personas en Estados Unidos escuchan onda corta radio." Entonces el Señor me reveló que no todos necesitaban escuchar. Si solo uno en un grupo de personas recibiera diariamente dirección, esa persona podría correr la voz. Luego El me recordó que el gobierno había agrupado a todas las personas en Estados Unidos en grupos convenientemente pequeños: por códigos postales.

Al ordenar a los oradores por códigos postales, podríamos sortear a los oradores-el saber de otras oraciones locales. Los grupos pequeños podrían luego formarse inmediatamente.

Le pediríamos a una persona en cada código postal que se ofreciera como voluntario comandante de campo, él o ella compraría un receptor de radio de onda corta, que sintonice la frecuencia apropiada cada día para directivas de oración y luego compartirlas con cada uno de los oradores en su grupo.

El Señor tenía otra palabra para mí. Dijo que esta información debía ser recopilada, evaluada y difundida a través de una oficina ubicada en Washington, D.C., que se denominará Embajada Nacional de Oración.

Durante los siguientes tres meses, tuve la oportunidad de comunicarme personalmente con el líder de cada división principal del ejército de oración. Les ofrecí el uso de la embajada y la red para contactar a sus oradores.

Creo que estamos en el umbral del mayor esfuerzo en oración que el mundo ha conocido jamás. Quién sabe lo que el Señor hará cuando todo el mundo cristiano se une en oración?

La oración trae avivamiento. En cuanto a mí, apenas puedo esperar para ver la obra del Señor cumplida.

Capítulo Once

¿Cómo afecta la duda a nuestras oraciones?

La cuestión de la duda es un trasfondo que a menudo siento en La lucha de los cristianos con la oración. Se preguntan si sus dudas hacen sus oraciones ineficaces.

La duda es el producto de la experiencia, la fe es el producto de una relación con Dios que comenzó con una revelación. Duda y la fe conviven en todos nosotros. Permítanme señalar que todo creyente, tarde o temprano, tendrá un combate con la duda.

¿No somos todos escépticos por naturaleza? (Los que no lo son se llaman crédulos.) Si no cuestionamos y dudamos, nos encontraremos con un problema. Por supuesto, usted es un escéptico a veces. Eso está bien, únete a la familia humana. La duda sólo se convierte en problema cuando domina tu gusto. En resumen, 'la duda no es un obstáculo para la oración a menos que te impida orar.' La mayoría de los hombres y mujeres de fea luchan contra la duda. Juan el Bautista es uno de los mejores ejemplos de un hombre de fe bajo el poder de la duda.

La escritura nos dice que Juan fue lleno del Espíritu Santo desde su nacimiento, que a su vez fue milagroso. Austero y recluso ascético, vivió en el desierto de Judea— algunos creen que fue con los esenios—cerca del mar Muerto. Un día Juan vio venir a su primo Jesús hacia él y gritó a gran voz: "¡Mira! El ¡Cordero de Dios que quita el pecado del mundo!" (John 1:29). Juan conocía la verdadera identidad de Jesús, su misión y su origen. En el bautismo de Jesús, Juan vio los cielos abiertos y el Espíritu desciende en forma de paloma y reposa sobre Jesús, oyó una voz del cielo que decía: "Tú eres mi hijo amado; en ti tengo complacencia" (Lucas 3:22).

Con respecto a Jesús, Juan declaró. "Él debe aumentar, pero yo debo disminuir" (Juan 3:30). Juan conocía a Jesús, quizás major que nadie en ese momento. Poco después de que Jesús comenzara su ministerio público, Juan el Bautista fue arrestado por Herodes. Mientras estaba en la cárcel oyó hablar de las obras de Jesús y envió a dos de sus discípulos con el pregunta: "¿Eres Tú el que viene o buscamos otro?" (Mateo 11:3). Juan estaba cuestionando, dudando.

¿Cómo afecta la duda a nuestras oraciones?

¿Por qué?, parece tener que ver con su audiencia sobre las 'obras' de Jesús, no los milagros, sino las obras, las conductas, de Jesús. ¿Qué le preocupaba? Que produjo esto, ¿duda?

Tal vez había oído que Jesús había asistido a un banquete de bodas en Caná y había convertido el agua en vino. Juan nunca había tocado el vino—le había sido ordenado por Dios abstenerse (ver Lucas 1:156). Jesús estaba desarrollando una reputación como "un hombre glotón y un bebedor de vino, un amigo de recaudadores de impuestos y de pecadores" (Mat. 11:19). posiblemente Juan pensó, ciertamente el Hijo de Dios sería más santo de lo que soy yo. La duda creció hasta el punto en que tuvo que ser tranquilizado, así que envió a dos discípulos a preguntar: "¿Eres realmente el elegido?"

Jesús no respondió directamente. Él dijo: "Ve y dile a Juan…los ciegos ven y los cojos andan; los leprosos son limpiados y los sordos oyen; los muertos son resucitados y los a los pobres se les ha anunciado el evangelio". Luego añadió, "Y bienaventurado el que no se escandaliza por causa mía" (Mat. 11:4-6).

Sí, los creyentes pueden dudar. Todos lo hacemos a veces, especialmente cuando las cosas no salen como esperábamos. Rezamos para la curación de un ser querido y ella murió. Un predicador en quien teníamos gran

¿Por Qué Orar?

confianza falló. Un compañero cristiano nos mintió y nos engañó en un negocio. Estas cosas pasan y cuando lo hacen, surge la duda dentro de nosotros.

Se encuentra una de las historias más alentadoras para los escépticos en hechos: el relato del martirio del apóstol Santiago y el posterior arresto de Pedro. Lucas comienza el capítulo 12 dice que Herodes mató con una espada a Santiago y arrestó a Pedro, con la intención de llevarlo a juicio después de la Pascua. Herodes evidentemente tenía en mente el mismo destino para Pedro que tenía Santiago: "Pedro, pues, estaba en la cárcel" (v.5).

La muerte prematura de Santiago había enviado olas de duda a través de la iglesia de Jerusalén. Habían esperado completamente que él fuera liberado milagrosamente de la prisión. Había sucedido antes.

Los apóstoles eran mensajeros especiales, 'Dios libraría' es lo que la iglesia creía y esperaba. Pero ahora Santiago estaba muerto y Pedro estaba en la cárcel. ¿Qué iban a hacer?

Conociendo un poco sobre la naturaleza humana, estoy seguro de que hubo diferentes cursos de acción sugeridos por los miembros de la iglesia. Algunos probablemente recomendaron: "Deberíamos apelar a Herodes por misericordia." Pero ciertamente alguien dijo: "Oremos", porque eso es lo que hicieron. Pero se ofreció

¿Cómo afecta la duda a nuestras oraciones?

oración constante a Dios por él por medio de la iglesia (v.5). Por extraño que parezca, no hay indicación de que la iglesia oró por la vida de Santiago. Si lo hicieron, su solicitud no fue concedida. Sin embargo, en el caso de Pedro, un pequeño grupo se reunió en la casa de John Mark y rezaba las veinticuatro horas del día. Pasaron dos o tres días sin respuesta.

Entonces, en medio de la noche, un ángel desató a Pedro, lo sacó de la prisión y desapareció, cuando Pedro se dio cuenta de que no era un sueño, se dirigió a la casa de John Mark. Una vez ahí, toco la puerta con candado que encerraba el patio. Rhoda, una niña, respondió pero se emocionó tanto cuando reconoció la voz de Pedro que se olvidó de abrir la puerta. Rápidamente, corrió hacia la congregación de oración donde anunció la presencia de Pedro.

Note la respuesta de estos oradores fieles: "¡Tú estás fuera de ti!" Un hombre brillante dijo: "Es su ángel", lo que implica que Pedro había sido ejecutado y su espíritu se detuvo para despedirse antes de ir a la gloria (v.15). Estas son las palabras de los escépticos. Orando escépticos, pero sin embargo, escépticos.

El mismo Pedro luchó con la duda. Pedro fue ese discípulo que respondió a Jesús, cuando preguntó: "¿Quién decís vosotros que Yo soy?"—con una fe tan positiva: "Tú eres el Cristo, el Hijo del Dios viviente" (Mat. 16:15,16). Más tarde, este mismo Pedro negó incluso conocer a Jesús. La noche del arresto de Jesús, la duda y el temor venció a la fe de Pedro, pero en otras ocasiones la fe de Pedro venció sus dudas.

Un día Pedro y sus socios estaban lavando sus redes después de una mala noche de pesca y Jesús les pidió permiso para usar la barca de Pedro como plataforma para enseñar a la gente. Después cuando terminó de hablar, Jesús le dijo a Pedro: "Lanzaos a las profundidades y echad vuestras redes para pescar? (Lucas 5:4).

Pedro tenía que tomar una decisión. Razón y experiencia contada él creía que el esfuerzo sería infructuoso, había pescado toda la noche y no había pescado nada. Además, si Jesús supiera algo acerca de la pesca, Él no les habría dicho a los pescadores que pescaban en las profundidades durante el día: los peces corrían en las aguas poco profundas.

Tales pensamientos deben haber estado en la mente de Pedro: "Sin embargo, en tu palabra echaré la red" (v.5). En efecto, Pedro estaba diciendo: "No servirá de nada, no lograremos pescar nada, pero dejaré caer la red simplemente porque mi Señor me lo ha pedido". Pedro obedeció, sin anticipar lo que podría pasar. Mientras recogían la red, podían sentir que estaba lleno, Pedro

¿Cómo afecta la duda a nuestras oraciones?

llamó a Santiago y a Juan, sus socios en el negocio y cargaron ambos barcos con tanto pescado que estaban a punto de hundirse. Cuando se aseguró la pesca, Pedro cayó, se postró ante el Señor y le dijo: "Apártate de mí, que soy un hombre pecador, oh Señor" (v.8). No está grabado, pero estoy seguro que Pedro estaba pensando y no esperaba atrapar nada y nosotros casi se han hundido dos barcos con todo el pescado.

¿Qué podemos aprender de la experiencia de Pedro? déjame ponerlo de esta manera: si tienes suficiente fe para orar y tienes suficiente fe para obedecer, incluso cuando dudes de que servirá cualquier bien, su oración y obediencia harán un gran diferencia.

¿Escuchará Dios la oración de un incrédulo? Todo lo que puedo decir es que así lo hizo. Los oradores en la casa de John Mark no estaban seguros de que Dios libraría a Pedro, pero sabían que Él podía y decidió orar hasta que el asunto se resolviera.

Escuché a algunos maestros de la Biblia decir: "Tienes que creer Dios hará lo que le pidas". Basado en las Escrituras, respetuosamente lo digo, eso no es cierto. Déjame darte más ejemplos para apoyar mi afirmación.

Un día un leproso se acercó a Jesús clamando: "Si tu lo deseas, puedes limpiarme" (Marcos 1:40). Esencialmente, ese leproso estaba diciendo: "No sé si lo harás, pero sé que puede." Parafraseando la respuesta de Jesús, Él dijo: "Eso es suficientemente bueno, si crees que puedo, lo haré".

En otra ocasión Jesús dijo a dos ciegos: "¿Creéis que soy capaz de hacer esto? Su respuesta fue: "Sí, Señor". Cuando vio que creían que podía, él los sanó (Mateo 9:28).

Tal es la fe de Abraham, en Romanos 4:20,21 nosotros leemos que Abraham no vaciló en la promesa de Dios... estando plenamente convencido de que lo que había prometido, también fue capaz de actuar".

Solo tienes que creer que Dios puede y luego determina que orar para que lo haga, hasta que el asunto se resuelva.

Estos seguidores de Jesús y oradores de la primera iglesia de Jerusalén tenían suficiente fe para orar, no dejaron que la duda domine sus vidas. Recuerda: La duda es un obstáculo para la oración sólo si te impide orar.

Capítulo Doce

¿Cuánta fe agrada a Dios?

Hebreos 11:6 dice: "Sin fe es imposible agradar a Él (Dios)." Romanos 14:23 dice: "Todo lo que no proviene de la fe, es pecado." Estas son palabras fuertes. La fe es esencial, no podemos agradar a Dios sin una cierta cantidad de ella. El escritor de Hebreos no nos dice cuánta fe se necesita para agradar a Dios—sólo que si no la tenemos, no podemos agradarle.

La mayoría de los cristianos creen que necesitan más fe de la que tienen. Pero es mi convicción que la mayoría de la gente tiene más fe de lo que piensan; a menudo ejercen la fe sin saberlo.

Pablo dice en Romanos 12:3, "Dios ha tratado (dado) a cada uno (creyente) una medida de fe," Una vez que los discípulos oraron: "Señor, auméntanos la fe" (Lucas 17:5). Aunque algunos creyentes, como Esteban, estaban "llenos" de fe (Hechos 6:5), otros se describen como 'débiles' en la fe

(Rom. 14:1). De estas y otras escrituras, podemos ver que hay diferentes cantidades y cualidades de la fe.

En los Evangelios, Jesús identificó diferentes niveles de fe. En Mateo 6:30, a los que estaban preocupados por si no tendrían comida para comer ni vestido para vestirse, dijo, "Oh tú de 'poca' fe."

En Mateo 8:26, a sus discípulos, que tenían miedo de que iban a naufragar, Él dijo: "¡Oh, ustedes de poca fe." Jesús usó esa frase nuevamente con Pedro cuando comenzó a hundirse mientras caminaba sobre el agua hacia Jesús (Mat. 14:23-33). Tomándolo de la mano, Jesús señaló que el problema, además de la duda, era la poca fe".

En otra ocasión, cuando sus discípulos estaban preocupados porque no tenían pan, Jesús habló una vez más acerca de la pequeñez de su fe (Mat. 16:80. Esta vez Él se refirió a su falta de comprensión de la verdad espiritual.

En contraste, la mujer de Cananea que rogó por su hija, dice que la liberación de su hija tuvo una fe "grande" (Mat. 15:28). Y al centurión que creyó que Jesús podía sanar a su siervo con sólo pronunciar la palabra, Jesús dijo: "No he encontrado una fe tan grande, ni siquiera en Israel!" (Mateo 5:10).

Jesús identificó cuatro clases de suelo en la parábola del sembrador (ver Mat. 13:3-23). La fe es como una semilla plantada en el suelo de un alma. Esta semilla de fe tiene el potencial de crecer y bajo las condiciones apropiadas puede crecer muy rápidamente. Allá son las circunstancias y condiciones que conducen al crecimiento y desarrollo de la fe. Por otro lado, hay condiciones que no son conducentes al crecimiento de la fe.

La semilla de la fe tiene el potencial para crecer, pero no crece al mismo ritmo en todos nosotros. Incluso la buena tierra no produjo todo su rendimiento al mismo tiempo. Hay condiciones y circunstancias bajo las cuales la semilla plantada en buena tierra difícilmente crecerá. Esto es cierto en el reino natural y cualquier cosa que sea verdad en el reino natural tiene su verdad paralela en el reino espiritual, extremadamente seco condiciones que impiden el crecimiento, las tormentas y las malas hierbas pueden retrasar el crecimiento—a pesar de que no hay nada malo con la semilla, el sembrador o la tierra.

Por experiencia he aprendido que el nivel y la calidad de la fe no puede ser determinada por la capacidad de uno para sanar los enfermos o echar fuera los demonios.

Escuche las palabras de Jesús registradas en Mateo 7:21-23: "No todos los que suenan religiosos son realmente personas piadosas. Puede que se refieran a mí como el 'Señor', pero aún así no llegarán al cielo. El elemento decisivo es si obedecen o no al Padre en cielo.

En el juicio muchos me dirán: 'Señor, Señor, dijimos a otros acerca de ti y usaron tu nombre para expulsar demonios ya muchos otros grandes milagros. 'Pero yo responderé: 'Nunca ha sido mía. Vete, porque tus obras son malas'" (autor paráfrasis).

La mejor evidencia de la fe

El testimonio de uno, no es la mejor evidencia de fe. Obediencia a la palabra de Dios y a la acción positiva, basada en una verdadera convicción de que Él es y que Él puede hacer cualquier cosa que haya prometido, son la mejor evidencia de la fe.

Una historia en el capítulo 2 de Marcos siempre me ha intrigado. Jesús estaba enseñando en cierta casa en Capernaum, una multitud de gente se reunía en la casa y cuando estaba llena, llenaban el patio que rodea la casa. Estas fueron las condiciones frente a los cuatro hombres que venían cargando a su amigo paralítico al Señor para ser sanado. No había sitio ni dentro ni fuera. Frente a tal situación, muchos habrían sido desalentados y entregados, pero no estos hombres. Sus amigos la única esperanza estaba en medio de esa multitud y tenían que conseguir llevarlo a la presencia de Jesús. La única manera parecía ser por el techo de la casa. No era una tarea pequeña, pero con alguna dificultad subieron a su amigo al techo y comenzaron hacer un agujero a través del azulejo.

¿Cuánta fe agrada a Dios?

¿No te imaginas lo que estaba pasando abajo? Suciedad y escombros caían sobre la multitud de gente, que no estaban muy contentos. Eventualmente, cuatro rostros aparecieron en el agujero abierto y descendió el hombre sobre una cama en la presencia del Señor. Marcos registra que Jesús "vio su fe".

¿Cómo? Bueno, realmente no puedes ver la fe; solo puedes ver lo que produce. Jesús llamó a su acción, fe. Santiago 2:20 dice, "La fe sin la acción apropiada está muerta" (autor paráfrasis). A menos que la fe sea seguida por la acción, es una confesión vacía, a menudo basada en la presunción.

Alguien ha dicho con razón que 'hablar es barato'. Solo toma aire en sus pulmones, ejerza presión sobre su diafragma, libere un poco de ese aire por tus cuerdas vocales, mueve tus labios y lengua, puedes decir: "Tengo mucha fe", no toma mucho para hacer eso, pero la palabra de Dios deja en claro que Él está buscando obediencia: "Sed hacedores de la palabra, y no oidores solamente" (Santiago 1:2).

Si eres cristiano, tienes fe. De Hebreos 11:6 podemos ver cuánta fe se necesita para agradar a Dios. Escucha estas palabras: "El que viene a Dios debe creer que Él es…".

Para complacer a Dios, debes creer que Él es, puedes decir con confianza, creo que Dios es'? Si puedes, has pasado la primera mitad de la prueba. La fe es una profunda convicción de que, aunque yo nunca lo he visto con estos ojos carnales, Él es. Eso es lo que tenían todos los incondicionales de la fe enumerados en Hebreos 11 que los hizo diferentes. Todos podrían decir, creo que Dios 'es', no fue o será, sino 'es'. No puedo probarlo, pero lo sé, ¡Dios es! Su nombre es YO SOY. ¿Crees que lo es? Si lo haces, entonces tienes fe.

Hay una característica adicional de la fe dada en Versículo 6: "Porque es necesario que, el que se acerca a Dios crea... que Él premia a los que le buscan con diligencia." La segunda pregunta en la prueba de fe es: ¿Crees que Dios es un recompensador de los que le buscan con diligencia?, he hecho esta pregunta a mucha gente y la mayoría de la respuesta es con un rotundo sí. Los cristianos creen que Dios es y que Él tiene el poder para hacer lo que quiere hacer. Nadie puede agradar a Dios, si no tiene tanta fe. Puede decir, de corazón, creo que Dios recompensa a los que buscan diligentemente? Si puedes, tienes suficiente fe para complacer a Dios.

Este tipo de fe sigue moviéndonos a la acción. No puedo creer que Dios existe y vive como si no existiera. Mis acciones serán en última instancia, entrar en línea con mi fe. Si fuese de otra manera, si fuera lo contrario no he vivido una fe activa, solo tendría una profesión hipócrita y sin sentido. Santiago nos da una fuerte palabra correctiva sobre este tema: "Queridos hermanos, ¿qué decir que tienen fe, siendo cristianos y no lo están demostrando ayudando a otros? ¿Esa clase de fe salvará alguien?... No basta con tener fe, también debes hacer el bien…" (2:14,17, TLB).

De nuevo, si creéis que Dios es y que Él responde a los que de corazón le invocan, tenéis suficiente fe para agradar a Dios. Pero si esa fe no te mueve a hacer lo correcto, todavía tienes un largo camino por recorrer.

La gente no está siendo complaciente con Dios por su falta de fe. Lo que siempre ha Dios a disgustado es nuestra falta de fe en nuestro diario caminar por la vida diciendo que si creemos. Fe, verdadera fe, seguida de la acción apropiada es lo que le agrada.

¿Cuál es la recompensa de Dios?

El favor especial de Dios no descansa sobre los transgresores, sin embargo la gracia de Dios se extiende a todos, justos e injustos, buenos y malos. Todos reciben sol y lluvia, tiempo de siembra y cosecha. Las personas no viven porque son buenas o mueren porque son malos, tanto los buenos como los malos disfrutan las mismas oportunidades.

Recientemente un hombre que me estaba mostrando su propiedad me dijo a mí: "Ciertamente el Señor ha sido bueno conmigo". Mi respuesta fue: "Cuanto más duro y más inteligente se trabaja, más la persona parece ser bendecida." Era un trabajador, un hombre diligente y tenía cosas materiales para demostrarlo, sin embargo, las cosas que tenía no vinieron como una indicación de la especial voluntad de Dios sobre su vida. Las cosas que tenía eran la recompensa de sus propios esfuerzos personales. Puede que no esté de acuerdo con esa declaración, pero por favor escuchame, si, agradezco al Señor todos los días por la gracia que Él tiene otorgado a todos nosotros.

Él nos creó a su imagen y semejanza. Hay algo de lo divino en todos nosotros, bueno o malo, obediente o desobediente. Tenemos el potencial para triunfar o fracasar. Con demasiada frecuencia culpamos a Dios o al diablo por cosas que son nuestras. Y no debemos asumir que los ricos, aparentemente las personas exitosas están necesariamente caminando en el camino especial de Dios.

Yo estaba en Washington, D.C., trabajando con un agente de bienes raíces que estaba ayudándome a encontrar una propiedad adecuada para la Oración Nacional Embajada. El hombre era de la India y había venido a América con ocho dólares y siete libras de ropa. Él había encontrado un trabajo entregando periódicos, haciéndose camino en la escuela y ahora es uno de los hombres más importantes en una empresa muy grande, él no es un Cristiano. ¿Que su éxito ha venido como

¿Cuánta fe agrada a Dios?

resultado de la especial voluntad de Dios? Yo creo que no.

Mi papá sólo tenía una educación de tercer grado a pesar de su deficiencia educativa, a través del trabajo duro y la diligencia, él estableció su propio negocio y vivió jubilado durante más de treinta años del fruto de su trabajo, dándonos una oportunidad correcta, la mayoría de nosotros tenemos la capacidad de obtener riqueza.

Los cinco hijos de mi padre, criados bajo las mismas circunstancias, con los mismos padres, tenían esencialmente la mismas oportunidades. Sin embargo, no todos tenemos el mismo estatus social. Si el favor especial de Dios se puede medir en términos de riqueza material, uno tendría que concluir que el favor especial viene al injusto más que al justo, los infieles en lugar de los fieles.

La aprobación de Dios en nuestras vidas no se puede determinar por la cantidad de nuestras posesiones materiales. Sin fe no podemos agradarle, independientemente de lo que hacemos. Por otra parte, no podemos agradarle con una fe que no nos mueve a hacer lo correcto. Y si tratamos de medir el favor de Dios por lo que poseemos, viviremos en constante confusión.

Hace algún tiempo estaba caminando por una nueva casa de un amigo. Era lindo, una verdadera mansión y le dije al Señor: "Realmente has bendecido a mi amigo".

Me sorprendió cuando el Señor respondió: "Esto no son mis bendiciones."

"Bueno, Señor, siempre hemos dicho que estas cosas son bendiciones de Ti." "No tienes nada como esto, ¿verdad?" Respondió.

"Bueno, no". Entonces Dios preguntó: "¿Crees que amó más a tu amigo que a ti?" "No, Señor, sé que me amas tanto como a él."

Dios continuó, "Yo no bendigo a mi pueblo con este tipo de cosas. Mis bendiciones son bendiciones espirituales."

Entonces recordé las palabras de Pablo: "Bendito sea el Dios y Padre de nuestro Señor Jesucristo, que ha nos ha bendecido con todas las bendiciones 'espirituales' en los lugares celestiales en Cristo" (Efesios 1:3, cursiva agregada).

En ese momento el Señor me dijo: "Las riquezas materiales que se les da a los cristianos viene a probar su integridad y carácter.

Si usan su riqueza de manera egoísta, no pasan la prueba". Dios no envía favores especiales a los egoístas y egocéntricos. Puede que tu amigo tenga riqueza porque ha trabajado duro, ha aprovechado las oportunidades y maneja su dinero sabiamente. No era el favor especial de Dios. Si él no usa esto correctamente la riqueza, responderá ante Dios.

¿Cuánta fe agrada a Dios?

Como cristianos, somos esclavos de un amo cuyo nombre es Jesús. Cuando trabajo, es para Él. Cuando invierto, no es para mí, es para Él. Me han dado algunos talentos para sostener o para invertir en su nombre. Si me vuelvo posesivo o reclamo que me pertenece, entonces he fallado la prueba.

La obediencia es mejor que el sacrificio o la adoración (ver I Sam. 15:22). Así le dijo Samuel a Saúl cuando volvía a casa con el botín de la batalla y el capturado rey Agag.

Sus órdenes habían sido destruir todo, pero Saúl tomó una decisión de desobedecer; tenía un plan mejor, mucho más razonable y lógico. Y finalmente le costó el Reino.

El sabio Salomón sabía que "hay un camino que parece derecho al hombre, pero su fin es camino de muerte" (Prov. 14:12).

Dios no está interesado en nuestra adoración si estamos caminando en desobediencia. Debemos arrepentirnos y apartarnos de nuestros caminos para que su perdón y su favor especial pueda estar sobre nosotros una vez más.

Fe en Dios

¿Qué tiene que ver todo esto con la oración? La fe y la oración están vitalmente vinculadas, no la fe en la oración, sino la fe en Dios.

¿Por Qué Orar?

Si crees que Dios es y que Dios puede, si estás caminando en obediencia a su palabra, estás listo para orar.

Pero oren con fe en Dios, no con fe en la oración. H. Clay Trumball, en su librito "Oración", escrito hace casi cien años, dijo:

Hay una gran diferencia entre la oración con fe y la fe en oración. La fe en la oración es muy común. Casi todos tienen más o menos. La oración con fe es común; casi todos tienen más o menos de esto, de hecho, nuestro Señor se pregunta si encontrará algo de esto cuando regrese de nuevo a la tierra. La oración en la fe es un deber ordenado; la fe en la oración no se manda, tampoco es justificable. La oración en la fe es espiritual; la fe en la oración, muy a menudo, sería supersticioso y presumido.

Debemos tener nuestra fe en Dios, no en cualquier cosa que hagamos como un acto religioso. Es presuntuoso pensar que seremos escuchado si oramos correctamente. La fe en la oración "correcta" no lograr cualquier cosa. Nuestra fe debe descansar en un Dios amoroso que escucha las oraciones de sus hijos y sabe cuándo y cómo contestar.

También sabe si deben ser contestadas. Cuando nosotros rezamos una oración que se sabe que está en la voluntad de Dios, creyendo que será respondido, lo es. No algunas veces, siempre. Cuando nosotros oramos sin saber la voluntad de Dios, le pedimos que haga lo que Él considere lo mejor. Mientras oramos con este rey de la fe, sabemos que cualquier cosa suceda, cualquiera que sea el resultado, su voluntad se ha hecho.

La mayor parte del tiempo nuestra fe en Dios no falta. Más bien nuestro problema radica en el hecho de que estamos tratando de tener fe en nosotros mismos. Pensamos erróneamente que necesitamos rezar mejores oraciones para ser escuchados. Pero la fe, para ser eficaz, debe descansar únicamente sobre el Señor. Debe descansar en su bondad, no en la nuestra, como lo he dicho antes. Debemos ser obedientes, pero no debemos confiar en nuestra obediencia. Debemos ser justos, pero no podemos confiar nuestra justicia para abrir el cielo a nuestras oraciones.

Jesús dejó esto muy claro en su historia a algunos que se jactaban de su virtud: Dos hombres subieron al templo a orar, un fariseo y el otro recaudador de impuestos. El fariseo se puso de pie y oraba así consigo mismo: "Dios, creo que no soy como otros hombres: ladrones, injustos, adúlteros, o incluso como este recaudador de impuestos, ayuno dos veces por semana; Doy diezmos de todo lo que yo poseo." Y el recaudador de impuestos, estando de lejos, no quería tanto levantar los ojos al cielo, pero se golpeaba el pecho, diciendo: "¡Dios, sé propicio a mí pecador!" Te digo, este hombre descendió a su casa justificado antes que el otro (Lucas 18:10-14).

A los ojos del hombre, el fariseo era justo; en los ojos de Dios, era un pecador. En otra ocasión Jesús dijo: "Muchos de los primeros serán últimos, y los últimos, serán los primeros" (Mat.19:30).

El orgullo espiritual y la altivez no sólo nos separarán de la gente, estas cosas también ponen una barrera entre nosotros y Dios. Santiago nos advierte: "Dios…se pone a sí mismo contra el orgulloso y altivo" (4:6, TLB).

Puede ser que no necesitemos más fe ni en Dios ni en nosotros mismos. Lo que necesitamos es mayor fidelidad, fidelidad en el lugar de oración, fidelidad en el lugar de adoración y alabanza, fidelidad en el hogar y en el trabajo. Dios concede una gran importancia a la fidelidad. Las recompensas del cielo no se promete a los triunfadores sino a los fieles. Aquél quien busca a Dios con un corazón puro, lo encontrará.

¿Depende la sanación de una gran fe?

Mientras discuto este asunto de la fe, permítanme tocar la cuestión de oración por la curación. No puedo decirte por qué Dios sana a uno y no cura a otro. Decir que es su voluntad sanar todos, cada vez, no parecen estar a la altura de como son realmente las cosas. Ha sido mi experiencia que Dios, en presente, cura a algunas de las personas en algún momento. Fe, aunque requerida para agradar a Dios, parece tener poco que ver con El. He visto

¿Cuánta fe agrada a Dios?

personas curadas que confesaron no tener fe. He visto a personas que parecían tener una fe profunda sin ninguna respuesta positiva a sus oraciones.

¿Por qué los cristianos que creen en la sanidad divina están enfermos? no es necesariamente porque hayan pecado, perdido la fe o disgustado con Dios. Tampoco es porque Dios no sana hoy.

Los cristianos están enfermos por muchas de las mismas razones por las que otros lo están: Nacieron con debilidades físicas; ellos desconocen las leyes que rigen la salud; falta de perdón en sus corazones; celos, amargura, el resentimiento y el miedo han debilitado sus sistemas inmunológicos; la baja autoestima y los sentimientos de culpa han producido ansiedad. ¿Cuál es la respuesta apropiada a la promesa de Dios, soy el Señor tu sanador" (Ex. 15:16)? ¿Qué pasa con "Por sus heridas somos curados" (Is. 53:5)? Recibirlos; créelos, oren y reciban oración—para sanidad divina con fe Dios puede hacer lo que usted está pidiendo. Y si no lo hace, Él sigue siendo Dios; sepa que mientras ora, lo que sucede es la voluntad de Dios para tu vida. Debemos hacer lo que creemos que se debe tener, como la actitud de Ester que dijo: "Si yo voy a perecer, perezco" (Ester 4:16). No siempre sé lo que va a suceder cuando rezo. A menudo me sorprende la respuesta, pero tengo una mente hecha: rezaré mientras haya vida y en la muerte como en la vida, diré: "Sin embargo, hágase tu voluntad."

Escucho a alguien preguntar: ¿Pero qué pasa con el sufrimiento?

¿No está Dios preocupado por el dolor y la muerte? ¿El quiere que su pueblo vaya a sufrir?

La Escritura es clara acerca de la actitud de Dios hacia la muerte de un santo: "Preciosa a los ojos del Señor es la muerte de sus santos" (Sal. 116:15).

Aunque no siempre es fácil ver los beneficios del sufrimiento, debemos creer que hay algunos. Pablo dijo que él tres veces buscó al Señor por un problema en su carne.

Entonces el Señor le habló y le dijo: "No, no quitaré la espina, pero yo estoy contigo y eso es todo lo que necesitas.

Mi poder se muestra mejor en las personas débiles" (ver 2 Corintios 12:7-10). Pablo aprendió a decir: "Cuando soy débil, entonces somos fuertes" cuanto menos tenemos más dependemos de Él.

Mayor alabanza a Dios viene de aquellos que son librados de las tribulaciones que los que están resguardados de problema, prueba o enfermedad. La mentalidad de la antigua iglesia hacia los senderos y la persecución se puede ver en Hechos 5: Pablo dijo en su carta a los cristianos romanos: "Considero que los sufrimientos de este tiempo presente no son dignos de ser comparados con la gloria que será revelada en nosotros" (8:18); añadió: "Todas las cosas trabajan juntos por el bien de los que aman a Dios" (8:28).

En medio de los problemas, Romanos 8:28 es difícil de creer, pero mirando hacia atrás desde la cima de la montaña de la victoria, Podemos entenderlo. Cada giro en el camino era importante, cada obstáculo superado nos hacía más fuertes, cada cosa construida sobre otra, todas fueron necesarias, para llevarnos al lugar en el que estamos ahora. Algunos de nosotros que somos mayores podemos mirar hacia abajo desde arriba y decir: "Vamos, lo vas a lograr". A aquellos que están a punto de desanimarse. Hemos estado donde tú estás. Si nosotros lo logramos, tú también puedes: "No nos cansemos de hacer el bien, porque a su tiempo la segaremos, no desmayemos" (Gálatas 6:9).

Capítulo Trece
¿Cómo debemos orar?

Hace unos años yo estaba en el norte de Virginia predicando en un pequeña iglesia que se reunía en habitaciones sobre un comercio de carrocería para automóviles. Puede haber habido doscientos presentes, incluyendo los niños, que participaron personalmente en el servicio—expresando su alegría a través del baile. Rápidamente vi que esta no era una iglesia ordinaria. El pastor se sentó en la congregación hasta el momento de presentarse. La gente era libre de expresar su adoración en cualquier forma que eligieron. La congregación representaba una amplia muestra representativa de la sociedad: rico y pobre; negros, blancos e hispanos. cuando me puse de pie para hablar, pregunté: "¿Cuántos de ustedes son profesionales?" varios levantaron la mano. "¿Cuántos son dueños de su propio negocio? Otros respondieron. "¿Qué diablos eres tú haciendo aquí en este lugar, cuando la mayoría de ustedes vienen de hermosas iglesias con altos campanarios? ¿Por qué veniste aquí? Ellos aplaudieron espontáneamente, sabían que la pregunta era retórica; todos sabíamos que la presencia del Señor los había llevado ahí para adorar.

Después del servicio me presentaron a una mujer que me dijo que acababa de regresar de un viaje misionero de Nigeria. Mientras allá en África ella había escuchado una grabación en la que yo conducía la oración. Ella había orado repetidamente, todos los días. Ella dijo que mientras seguía la oración sucedieron algunas cosas maravillosas.

Su trabajo transcurrió sin problemas, todo parecía encajar. Estaba convencida de que los cristianos deberían rezar esta oración todos los días.

La oración que hice fue una expansión de la oración del Señor (ver Mateo 6:9-13). Tenemos pruebas de que las primeras iglesias siguieron el modelo de oración que Jesús les había dado a ellos. Después de la ascensión de Jesús, unos 120 discípulos oraron como esperaban la venida del Espíritu Santo. Sobre esto el registro dice, "Todos estos continuaron con un acuerdo en la oración y la súplica, con las mujeres y María la madre de Jesús y con sus hermanos" (Hechos 1:14). En el griego original, la primera parte de este pasaje dice: "Todos estos continuaron en... 'la' oración". En mi opinión, 'la' oración

¿Cómo debemos orar?

no podía haber sido otra que la oración que Jesús les dio para orar.

Todo por lo que los cristianos necesitamos orar están cubiertos bajo los varios puntos de este bosquejo de oración:

"Padre nuestro"--- habla de la relación.

"Que estás en los cielos"--- nos recuerda su soberanía.

"Santificado sea tu nombre"--- nos lleva a la alabanza.

"Venga tu reino"--- pone las primeras cosas en primer lugar.

"Hágase tu voluntad"--- libera todo a Su control.

"Danos"--- Él es nuestra fuente; estamos necesitados.

"Hoy"--- nos recuerda que debemos ser consistentes.

"Nuestro pan de cada día" --- Jesús es el pan de vida.

"Perdónanos"--- me recuerda mis pecados y Su solución.

"Como perdonamos"--- me mantiene libre de la falta de perdón.

"Guíanos" --- Su Espíritu guía.

` "No caigas en la tentación" --- la tentación es real.

"Líbranos del maligno"--- por Jesús te haré superar.

"Tuyo es el reino" --- propiedad divina.

"Tuyo es el poder" --- plena autoridad.

"Tuya es la gloria"--- volver a la alabanza.

(Para una excelente enseñanza sobre esta oración, lea la oración de Larry Lea '¿No pudiste demorarte una hora?' (Casa de la Creación).

Un ejemplo

Para mostrarle cómo puede completar este esquema, escribiré esta oración exactamente como la hago. Por supuesto que no son las mismas palabras todos los días; pero sigo este patrón, confío ayudará tanto como ayudó a la mujer que conocí en Virginia. Esta oración establecerá las condiciones bajo las cuales Dios tiene la opción para hacer cualquier cosa que se necesite hacer.

Padre, tú que estás en el cielo, sobre todas las cosas de esta tierra, Ves todo, te preocupas por todo, te agradezco que yo puedo llamarte mi Padre. Eres mi padre, tú me elegiste Padre de entre todos los demás y me marcaste para ser un duplicado exacto de tu Hijo, Jesús. Gracias, Padre, me limpiaste de todos mis pecados, entro en tu presencia sólo porque tú ofreciste un sacrificio por mis pecados.

A través de ese sacrificio, puedo acercarme confiadamente al trono de gracia. Gracias, Padre, porque no venimos a un trono de juicio; venimos a un trono de gracia. No seré rechazado. Soy aceptado en Cristo Jesús, mi Señor,

¿Cómo debemos orar?

cuya sangre ha sido derramada por mis pecados. Vengo ante ti, no con un la justicia que he alcanzado con mi propio esfuerzo, pero en la justicia que obtuve por la fe, la justicia que tú proporcionas. Soy aceptado, no porque sea bueno, sino porque eres bueno, eres mi justicia. A través de la sangre yo tengo el perdón de los pecados. Y no solo tengo perdón de los pecados por la sangre, tengo la plenitud del Espíritu Santo.

Gracias, Padre, por la presencia interior de la persona del Espíritu Santo. Él es mi paz. Él es mi gloria.

Qué bendición es tener comunión con Él, gracias Espíritu Santo, por vivir en mí, eres bienvenido a este templo. Llevar el control total de cada miembro de mi cuerpo. Ayúdame a orar con el espíritu y con el entendimiento.

Padre, te doy gracias porque mis pecados son perdonados y por la llenura del Espíritu Santo y te doy gracias porque tengo sanidad del cuerpo por medio del Señor Jesucristo. Con sus heridas estoy curado. Gracias porque la curación no es solo para mí; es para el cuerpo, la iglesia. Señor, deja que la sanidad fluya a tu cuerpo. Curar las heridas, Ata a los rotos, Trae unidad en el cuerpo.

Gracias, Padre, que a través del sacrificio que hiciste para nosotros, cada necesidad financiera está satisfecha, eres mi proveedor eres 'Jehová-Jireh'. Todas mis necesidades has suplido conforme a tus riquezas en gloria en Cristo Jesús, nuestro Señor.

Padre, te agradezco que Tú eres mi seguridad, venceré a todos los enemigos contigo de mi lado. Tú eres mi pastor. Nada me faltará. Haces acostarme en pastos verdes, me conduces junto a aguas de reposo. Tú restauras mi alma. Me guiarás por sendas de justicia para el bien de tu nombre. Aunque ande por el valle de la sombra de la muerte, no temeré mal alguno, tu vara y tu persona son para consolarme. Preparas una mesa delante de mí en presencia de mis enemigos unges mi cabeza con aceite. mi copa se está quedando vacía.

Seguramente el bien y la misericordia me seguirán todos los días de mi vida y en la casa de Jehová moraré, por siempre y para siempre. ¡Aleluya!

Toda necesidad moral, toda necesidad espiritual, toda necesidad física cada necesidad, cada necesidad financiera y cada necesidad emocional son satisfechas en mi Señor Jesús. Gracias, Señor, por la provisión que tú has hecho.

Y ahora, Padre, te pido que venga tu reino, se haga tu voluntad en la tierra como en el cielo. Padre, esto es lo que deseo.

Quiero que tu reino y tú como rey seas el primero en mi vida.

¿Cómo debemos orar?

Nadie sino Jesús gobernará mi vida este día, entregó mi todo, mi ser a Vuestra Señoría. Sea tu reino establecido en mi vida. Hágase tu voluntad en mi vida y en mi familia.

Señor, levanto a mi familia. Rezo para que cada uno de mis hermanos, de mis hijos, de mis nietos dejarán que Jesús gobierne sus vidas. Y, Señor, es no solo por mi familia que oro; Oro por mi familia de la iglesia.

Oro por mi pastor y por todos los pastores de tu iglesia.

Se ha establecido tu reino y hágase tu voluntad en sus vidas. Me opongo al espíritu de engaño y al espíritu de distracción Ato el espíritu de perturbación, desánimo y destrucción. Y, Padre, haz sabios a tus pastores. Ayuda para discernir la verdadera naturaleza de cada asunto, concédeles fuerza física para hacer el trabajo que tú los llamaste a hacer.

Padre, oro por todos aquellos en el liderazgo de tu iglesia.

Los ancianos y diáconos, bendícelos y fortalécelos. Concédeles la capacidad de hacer lo que tú quieres que hagan.

Ministre a sus familias, oro, en el nombre de Jesús.

¿Por Qué Orar?

No solo por los pastores y líderes, Señor, te pido también por el pueblo de tu iglesia. Rezo primero por los niños. Ministro a los hijos de la iglesia y de esta generación. La mayoría de ellos no saben nada de Jesús. Levántate fuerte, eficaz ministerio a los pequeños. Levantar y regalar a la gente para escribir y producir materiales de televisión adecuados para los niños: programas con el mensaje de esperanza que sean tan buenos, tan bien producidos que las cadenas nacionales no pueden rechazarlos.

Levantamos a los jóvenes a Ti, oh Señor. Alcanzalos, oh Señor. Haz lo que se debe hacer para alcanzarlos, te lo ruego, bendiga y fortalece a los que están ministrando eficazmente a la juventud de esta generación, suple todas sus necesidades, abre puertas para ellos. Envía una manifestación de tu poder sobrenatural. Para su bien, alcanzarlos. Oh Señor. Para los adultos solteros, oro, muchos están sufriendo, muchos sufren del rechazo han perdido toda confianza en sí mismos. Muchos están llenos de ira y amargura. Ministrúyelos, Señor.

Ayúdalos a volver sus ojos hacia ti, deja fluir tu paz a través de sus corazones.

Y por los jóvenes casados, te ruego, Señor, necesitan tu ayuda. Me enfrento al enemigo en su nombre, me resisto a el espíritu de destrucción que ha sido enviado

¿Cómo debemos orar?

para destruir relaciones matrimoniales hoy. Me resisto a ese espíritu en el nombre de Jesús.

Padre, oró también por los adultos mayores. Te necesitan, Señor.

Muchos se sienten desanimados. Muchos han sido descuidados. Estar cerca de ellos, oh Señor y hazles saber la realidad de tu santa presencia.

Y Padre, oró por los ministerios de la iglesia. Por nuestros misioneros, por los evangelistas, por los maestros oramos. Ministros pàra y a través de estos.

Padre, oró especialmente por los que oran, los que están sobre a quién has puesto un deseo de orar. Concede que lo harán nunca te canses ni te desanimes. Ayúdalos a orar y a seguir orando hasta que veamos tu despertar espiritual prometido en tu Palabra y por medio de tus profetas.

Padre, oremos por nuestra nación. Nos arrepentimos por los pecados de nuestra patria, hemos pecado contra ti, oh Señor, hemos legalizado la matanza de nuestros hijos por nacer. Sé que esto es una abominación en tu vista. Hemos hecho ilegal que nuestros hijos oren en las escuelas públicas. Perdónanos, oh Señor. Nuestros pecados son muchos. Nos arrepentimos por los que no saben arrepentirse por ellos mismos. Escúchanos, oh Dios y responde y perdona. Enviar un despertar espiritual. Envía esas señales de las que habló Joel, señales en los cielos y en la tierra ; sangre, fuego y columnas de humo. Que el sol se oscurezca y que la luna se convierta en sangre. Que los incrédulos se escandalicen de su complacencia. Oye, oh Señor, y responde. Oro esto en el nombre de Jesús.

Levantó a nuestro presidente y su gabinete. Sea tu voluntad hecho en ellos. Rezo por el Congreso, que cada miembro sea llevado a hacer lo correcto. Rezo por la Corte Suprema, vigilar las decisiones que están llamados a tomar, hacer que ellos juzguen con justicia. Levantó a los comandantes de nuestras fuerzas armadas y a todo nuestro personal militar. Que haya paz y no guerra, oremos en el nombre de Jesús.

Y ahora, Señor, te pido: Danos hoy nuestro pan de cada día, eres mi fuente, mis necesidades son suplidas por tu mano, Señor te doy gracias. Eres el pan de vida. Te necesito para vivir. Gracias, Jesús, por la vida a través del pan que tú provees.

Perdónanos, Señor, como nosotros perdonamos a los demás, confieso mis pecados a ti, oh Señor. Perdona, rezo, he puesto mi corazón en perdonar. No me ofenderé hoy, he sido perdonado y perdonaré, no importa lo que alguien pueda hacerme, he elegido perdonar.

No nos dejes caer, Señor, en la tentación. Evita que seamos llevados por caminos equivocados, te lo ruego. Te agradezco que estemos siendo guiados por el Espíritu Santo, que vive en nosotros, he sido guiado, yo estoy siendo guiado y seré guiado.

Líbranos del maligno, Señor Jesús. Mantennos alerta. Señalar las trampas del maligno. No nos dejemos vencer por el diablo, sino para vencer, para pisar a la serpiente, para andar en victoria, estoy de pie con mis lomos ceñidos con la verdad, tengo en la coraza de justicia: Tu justicia, Señor, no es mía. Mis pies están calzados con el evangelio de la paz. Tengo el escudo de la fe, el yelmo de la salvación y la espada del Espíritu.

Oraré siempre con toda oración y súplicare a el Espíritu para todos los hombres. Caminaré en victoria por el poder del Espíritu Santo, declarando que:

tuyo es el reino.

tuyo es el poder.

Tuya es la gloria, por siempre, amén.

¡Alabado sea el Señor!

Alabanza viva

Hace varios años aprendí lo importante que es vivir en una actitud de alabanza. David dijo: "Alabaré al Señor en todas las veces; Su alabanza estará de continuo en mi boca" (Sal. 34:1). La Biblia Viviente dice: "Alabaré al

¿Por Qué Orar?

Señor sin importar lo que suceda". David está diciendo que él había hecho una 'decisión consciente' de alabar al Señor en cada circunstancia de la vida. Asimismo, debemos decidirnos a alabar la Señor, pase lo que pase. Puedo hacer esto porque cuando he orado con todo mi corazón: "Venga tu reino, hágase tu voluntad", sé que todo lo que suceda estará en la voluntad de Dios.

Recuerdo cuando esta verdad se hizo muy real para mi espíritu. Desperté una mañana antes de la hora de levantarme. Dios a veces utiliza medios inusuales para enseñarnos, yo tenía dos experiencias que pueden parecer extrañas. De hecho, ellos me parecen extrañas, pero los compartiré con ustedes a medida que sucedió ya que sirvieron para enseñarme una lección importante.

Mientras estaba en la cama, me pareció escuchar una conversación en el cielo. El Padre estaba hablando con otro celestial sobre mí. Él dijo: "¿Cómo es que no castigan a Willhite? El otro ser respondió: "Bueno, cada vez que hago algo para corregirlo, culpa al diablo o lo llama 'una de esas cosas que pasan en la vida' y él no es ayudado, entonces yo he decidido dejarlo en paz. Yo estaba completamente despierto en el momento que esa conversación había terminado. Alabé a Dios por todo eso me había pasado, tanto bueno como malo. Lo sabía, nada podía suceder sin su permiso, así que comencé a ver todas las cosas siendo de mi mejor interés.

¿Cómo debemos orar?

No mucho después, me desperté de nuevo antes de que fuera hora de irme. Esta vez me pareció escuchar una conversación en el interior de Satanás. Le estaba preguntando a un demonio: "¿Por qué no le estás dando a Willhite un mal rato? El demonio respondió: "Puesto que sus ojos se abrieron a los elogios, cada vez que le hago algo, simplemente comienza a alabar al Señor, sé que no los quieres haciendo eso, así que he tenido que dejarlo".

¡Aleluya! Hay victoria al alabar al Señor, alabanza y día de acción de gracias, ahora constituyen la mayor parte de mis oraciones. Cuando alabas al Señor, aunque sepas que Satanás es el responsable del problema o dificultad, tú pones a Satanás en un aprieto.

¿Recuerdas la historia de Pablo y Silas en prisión? Estuvieron golpeando y arrojando a un calabozo, pero a medianoche rezó y cantó alabanzas. Satanás los había puesto en esa prisión o al menos se había movido en las personas que sirvieron como sus agentes para hacerlo. Todo lo que Pablo y Silas habían hecho era echar malos espíritus fuera de una niña. Si ese hubiera sido nuestro crimen, la mayoría de nosotros habría estado quejándonos en ese calabozo. Pero Pablo aprendió el secreto de caminar en victoria. Todas las cosas estaban funcionando juntos por su bien. Podía practicar lo que escribía en la iglesia de Tesalónica: "Dad gracias en todo" (1 Tes.5:28). Pablo practicaba lo que predicaba. Él y Silas estaban viviendo victoriosamente en medio del sufrimiento.

Debido a esta revelación y una determinación de caminar en alabanza diaria, camino en victoria la mayor parte del tiempo; tú también puedes.

Es tan fácil ver cómo el Señor ha conducido nuestras vidas cuando miramos hacia atrás, cuando ores para ser guiado por el Espíritu, cree que tú eres guiado. Pablo dice, "A;; que son guiados por el Espíritu de Dios son hijos de Dios" (Rom. 8:14, TLB). De cualquier manera que lo pongas, los hijos de Dios son guiados por el Espíritu de Dios, no por una columna de fuego o una nube, ni siquiera por una voz. Su Espíritu está en nosotros.

Tenemos un sistema de guiado interno. No podemos pasar por alto su voluntad o plan para nuestras vidas a menos que nos revelemos contra su voluntad. Estamos siendo liderados. Cree eso y podrás alabar a Dios en cada situación.

Tu Padre no puede sentarse y hablarte cada día, pero si te equivocas, oirás su voz que dice: "Este es el camino, andad por él» (cf. Is 30, 21). Él te ama lo suficiente como para estar contigo en cualquier camino que vayas. A sus discípulos Jesús dice: "Id por todo el mundo y predicad el evangelio" (Marcos 16:15), añadiendo su promesa: "Yo estaré con vosotros todos los días" (Mat.28:20). Si vas al norte, Él estará ahí; ve al sur y Él lo hará contigo. Pero Él nos advierte: "Si te digo que vayas en una dirección y vas a otra, extrañarás mi presencia." aunque el nunca nos dejará ni nos desamparará, si nos desviamos a la izquierda cuando Él dice bien, perderemos su mejor plan para nuestras vidas. Si eso pasa, debemos arrepentirnos de nuestra desobediencia y seguir su dirección.

Así que bendice al Señor en todo momento. Deja que su alabanza llene tu boca. Confía en que Él te está guiando; regocijarse cuando las cosas van bien y cuando van mal. Sigue diciendo y creyendo que 'todas' las cosas obran juntas para tu bien y lo harás caminar en victoria todos los días. Como dijo David: "Servid al Señor con alegría; venid ante su presencia cantando ... .". Entrad por sus puertas con acción de gracias y por sus atrios con alabanza" (Sal. 100:2,4). Usted no puede ser derrotado cuando caminas en esta verdad.

Conclusión

En su libro titulado 'Conciertos de Oración'. David Bryant dijo: "Yo creo que el destino de un movimiento de oración unida podría resultar no sólo en un indulto del golpe de juicio de Dios sobre el mundo desarrollado, pero el desencadenamiento del poder espiritual en la iglesia en todo el mundo para llevar adelante el evangelio en una forma sin precedentes". Muchos de los que hemos estado involucrados al llamar a las naciones a la oración tengan la misma convicción.

No solo necesitamos orar; tenemos que orar más inteligentemente Necesitamos orar con mayor entendimiento, saber cómo la oración afecta el resultado de las cosas. Es mio oración ferviente para que las lecciones que he compartido les den nueva visión. Permítanme repetir lo que dijo Santiago, el hermano de Jesús: "La oración ferviente y eficaz del justo libera tremendo poder" (5:16, paráfrasis del autor). 'Tus plegarias son importantes'.

Nadie tiene un acceso más privilegiado a la trono de Dios que tú. Todos venimos a Su presencia en de la misma manera. Por la sangre de Jesús tenemos acceso a el lugar más santo de todos: el trono de Dios. (ver Hebreos 10:19).

No es necesario que solicites peticiones de oración a algún guerrero de la oración.

Tú puedes orar tan efectivamente como cualquier otro en este planeta. Trae tus necesidades ante Él. Él te escuchará y te contestara cuando sea el momento exacto para tu bien.

Que sea su especial favor derrochado en ti mientras caminas junto a Él en la escuela de la oración.

Un último pensamiento…

Si ha comprado este libro en Amazon y hace una diferencia en tu vida… por favor Considere escribir una reseña para animar a otros a su búsqueda de respuestas.

www.ingramcontent.com/pod-product-compliance
Lightning Source LLC
LaVergne TN
LVHW052100090426
835512LV00036B/2853